U0936493

珍藏本·增订本

纪念版

汉译世界学术名著丛书

论失业问题

〔英〕阿瑟·塞西尔·庇古　著

包玉香　译

Arthur Cecil Pigou

UNEMPLOYMENT

Macmillan Publishers Ltd.,1999

根据麦克米伦出版公司1999年版译出

汉译世界学术名著丛书
（120 年纪念版·珍藏本）
增订本出版说明

2017 年 10 月，为纪念商务印书馆创立 120 周年，本馆推出“汉译世界学术名著丛书”（120 年纪念版·珍藏本），计七百种。近五六年来，仰赖学界同人倾力支持，订正旧译，增补新译，拓展新著，积累日多。为满足读者需要，本馆在七百种的基础上，继续推出“汉译世界学术名著丛书”（120 年纪念版·珍藏本·增订本）三百种。至此，“汉译世界学术名著丛书”累计出版已达千种。

今后，本馆将继续推进丛书的翻译出版工作，在积累单本名著的基础上陆续分辑刊行，汇印出版。为促进中外文明互鉴、推动我国学术发展，使“汉译世界学术名著丛书”这项对我国学术文化有基本建设意义的重大工程发挥更大作用，诚望海内外学术界、翻译界继续给予支持，帮助我们把这套丛书出得更好。

商务印书馆编辑部

2024 年 2 月

汉译世界学术名著丛书
（120 年纪念版·珍藏本）
出 版 说 明

2017 年 2 月 11 日，商务印书馆迎来 120 岁的生日。120 年前，商务印书馆前贤怀揣文化救国的理想，抱持“昌明教育，开启民智”的使命，立足本土，放眼寰宇，以出版为津梁，沟通中西，为中国、为世界提供最富智慧的思想文化成果。无论世事白云苍狗，潮流左右激荡，甚至战火硝烟弥漫，始终践行学术报国之志，无改初心。

迻译世界各国学术名著，即其一端。早在 20 世纪初年便出版《原富》《天演论》等影响至今的代表性著作，1950 年代后更致力于外国哲学和社会科学经典的译介，及至 1980 年代，辑为“汉译世界学术名著丛书”，汇涓为流，蔚为大观。丛书自 1981 年开始出版，历时三十余年，迄今已推出七百种，是我国现代出版史上规模最大、最为重要的学术翻译工程。

丛书所选之书，立场观点不囿于一派，学科领域不限于一门，皆为文明开启以来，各时代、各国家、各民族的思想与文化精粹，代表着人类已经到达过的精神境界。丛书系统译介世界学术经典，引领时代思想，为本土原创学术的发展提供丰富的文化滋养，为推动中国现代学术和现代化进程做出了突出的贡献。

为纪念商务印书馆成立120周年，我们整体推出“汉译世界学术名著丛书”120年纪念版的珍藏本，寄望既利于文化积累，又便于研读查考，同时向长期支持丛书出版的译者、编者和读者致以敬意。

两甲子后的今天，商务印书馆又站在了一个新的历史时间节点上。我们不仅要铭记先辈的身影和足迹，更须让我们的步伐充满新的时代精神。这是商务人代代相传的事业，更是与国家和民族的命运始终紧密相连的事业。我们责无旁贷，必须做好我们这代人的传承与创造，让我们的努力和成果不仅凝聚成民族文化的记忆，还能成为后来人可以接续的事业。唯此，才能不负前贤，无愧来者。

商务印书馆编辑部

2017年10月

目　　录

序　言

麦克米伦出版公司允许我将以前出版的《福利经济学》(*Wealth and Welfare*)和《产业和平的原理与方法》(*The Principles and Methods of Industrial Peace*)两本著作中的几个段落应用到这本书里,对此,我不胜感激。这些段落在本书的注释中以加引号的形式出现,并且标注出其在原著中的页码。在书稿的修订中,特伦斯·希克曼(Terence Hickman)先生给予了极有价值的帮助,对此,我也深表感谢;菲利普·贝克(Philip Backer)先生提出的大量批评和建议为本书所采纳,我认为这极大程度地完善了本书的内容,对此亦表示感谢。

阿瑟·塞西尔·庇古

剑桥大学皇家学院

1913 年 11 月

第一章 引言

许多人认为，当面对明显的社会弊端时，经济学家们表现出来的态度是思考过度；千万种说不尽的苦恼和人类不可预测的前途，对他们来说，只不过是一个可以进行巧妙辩论的主题和运用许多令人费解的公式的借口。其实，这是一个误解经济学家的观点。激发人们进行经济研究的动机，绝不是人们对财富运动所产生的学术或科学兴趣，而是基于这样一种意识：公平在商业和劳动领域内存在着不同程度的偏差；男人、妇女和儿童们经常蹒跚地坠入没有任何隔离和保护措施的深渊；许多人的生活现状比他们所必需的生活状况还要暗淡；西方国家引以为豪的财富只能支撑着一朵飘零的福利之花。经济研究的动机，就在于解决以上这些问题。从根本上消除或至少减轻上面描述的种种弊端，就是经济学家的研究目标。在经济学家梦寐以求或者说他们所希望的理想境界中，他们热情而坚定地设想未来，没有任何东西能让他们脱离市场最激烈演说家的身份。

经济学家和缺乏耐心的实际慈善家的区别不在于他们的工作精神，而在于他们的工作方法。经济学家认为，任何一个现代国家，其经济生活的各个方面都是密切地联系成为一个整体的，这是汇集许多经济学家的优秀思想所得出的一种认识。基于这种认识，就可以得出以下结论：当社会的某一方面出现问题时，试图只从单方面来解决这一特殊的社会弊端，往往会出现随之而来的其他方面的毫不明显的严重后果，导致其他方面爆发问题，即使立即采取有益的补救措施也不能完全抵消或中和其危害性。唯一可行的办法就是设计社会改革措施来避免这种巨大的危险，将经济生活作为一个整体进行细致而彻底地研究，并以此作为进行社会改革的依据。如果要使社会改革的"艺术"能有实效，那么社会改革就必须建立在"科学"的基础之上。经济学家们所努力追求的、对实际工作的贡献，就在于能够为社会改革提供这种科学基础。尽管他们的努力或许是出于某种情感的激发，但他们努力工作行为本身必然是在理性范围之内的。调查研究这些社会弊端时所怀有的愤怒情绪必须加以控制，否则会导致我们在研究这些弊端原因的过程中，不能获得准确的科学研究结论。无论多么真诚的同情心和多么真实的悲痛，对经济学家的科学研究都是一种干扰，必须无情地加以驱除。这些情感的召唤激发我们走进了科学的殿堂；但如果对这些情感，我们没有任何反应，那么科学殿堂的大门就会关闭，直到我们再回来面对这些情感的激荡。

本书是经济学者之作，因此是在冷静与清晰的科学逻辑的激发下而作。书中的格调就是基于这种考虑而定的，但书中采用的叙述形式却是由另外一种情况来决定的。本书的阅读对象是公众，他们中的大多数人是极不熟悉经济分析的。基于这一客观事实，我就认真而努力地避免在书中使用专业术语，讨论过程中所使用的语言和方式也尽量要让普通民众能理解和接受。但失业问题本质上的复杂性使得书中某些部分的分析论证，对那些不习惯为这些事情做严密推理的人来说,必然是难于理解和接受的。而且,因为经济生活的各个方面之间有着广泛而深远的联系,所以乍看起来,书中的某些部分有可能会让人感到离题太远。细心的读者可能比较容易克服这种理解上的障碍,但由于作者能力有限,因此没能将这些阅读理解中的障碍全部拆除。尽管书中较好地避免了经济学专业语言的使用,但如果书中将科学方法也抛弃的话,本书的价值就会全部被破坏而没有任何的实际意义了。因此,我决心在本书的论述中始终坚持而且也决不改变这种科学方法。下一章将集中对失业的含义和测度问题进行一个初步讨论,尽管有关这方面的讨论必然是有点冗长乏味,但从当前许多文献中对失业的不恰当统计的视角来看,该讨论还是不可缺少而且是非常有必要的。

第二章　失业的含义及测度

"失业",像很多词汇一样,是一个常用名词。人们能够理解这一名词的一般意义,但要对此做出准确的定义,却是多少有些困难的。例如:我们能否将那些不愿意工作而空闲在家的人们归入失业之列呢?那些因生病、罢工或者其他各种各样的原因而不能或无法工作的人们是否也应该算作是失业呢?对上述这些问题的任何判定都必然会或多或少地带有一定的武断性。这里不涉及原理问题,而仅仅是如何用一个特别普通的名词最方便地对上述状况做出准确定义的问题。因此,我们的定义必须遵从两个条件:第一,该定义在我们目前正在进行的调查研究中,必须是能够被证明为一个有用的工具;第二,该定义在服从第一个条件的前提下,还必须要尽量符合流行用法的一般趋势。我们现在就要进入这种定义的探究,它当然就必须接受这两个标准条件的指导和约束。

首先,我们可以规定,既然"失业"一词与为工资而工作的情况有联系,那么它就应当在这个范畴内被广泛地应用。自由职业者、企业主或各个有薪阶层要么是出于自愿选择、要么是出于各种必需而有时空闲在家,这时如果把他们的这种情况都归入"失业"的范围内,那么对于我们目前研究问题的目的性而言,这既不适用,也不方便。因此，失业就是指工薪阶层的失业，同时它也指与工资劳动有关的各个阶层的失业。如果一个靠工资为生的人碰巧有一小块园地，当他从一般职业上被解雇时，他就可以在这块园地上继续工作，或者在这种场合下，他能够着手从事木刻工艺或某些其他形式的家庭手工业生产，我们将不会因此而拒绝把他划入失业群体之中。当然，此例中，这类人的失业结果和另外一类人的失业状况完全不同，另外一类人失业后就没有任何其他的有工资收入的职业形式可供替代。这种区分并不是没有实际意义的。但方便适用的原则规定：只要一个有工资收入的人在工资劳动行业内失业，事实上无论他正在从事什么，都应归于失业者之列。那么，由此可见，可以判定为失业的一类人只能是有工资收入的劳动者，而且他们还必须是在工资劳动行业内失业，这样才能被认为是失业。

然而，即使懂得了上面的这一点，我们还是不能直接给失业下定义。很显然，失业并不能包括工资收入者的一切空闲状况，而只能包括其中的一部分，即在当时情况下，工资收入者存在的空闲状况，从他们本身的视角来看，是非自愿性的这一部分。所以，失业应排除那些老弱或暂时的疾病而导致的确实无法从事有工资收入的劳动者，而且那些不是因为迫不得已的必需性，而是出于自愿，选择空闲在家的也应当排除在失业之外。事实上，劳动者每天的工作时间不是 24 小时，而是 8 个、10 个或 12 个小时，那么每天当中扣除工作时间之后的剩余时间里的闲暇并不能算失业。同时，流浪阶层中的绝大多数人，他们很大程度上追求的就是闲散而逃避工作，他们的无业状况也不能算作失业。最后，工人们由于罢工而被工厂拒之门外“闲玩”，他们的空闲状况也应从失业中排除。

初看之下，不属于失业范畴之内的各种形式的自愿失业和失业之间的分界线是相当清晰的，但细想之后，马上就会发现，刚才对失业尝试性的粗略表述存在着严重的缺陷。因为，一个人是愿意工作还是愿意闲暇？愿意工作时，他是愿意多工作还是少工作？对于这些问题，我们都没有绝对的答案，只能取决于获得的工作报酬——工资率，因此，对于失业，我们看来好像需要一个更准确的定义。让我们这样假设，每小时的工作效率一定，我们可以用工作的小时数来衡量某一产业内存在的失业量。具体思路是，用当前就业条件和工资水平下愿意从事该产业工作的劳动者能够提供的工作小时数，减去已经在该产业内从事工作的劳动者实际所付出的工作小时数，得到工作小时数的差额就可以来衡量该产业内存在的失业量。但确定这个工资率水平、计算这个差额和确定这些意愿条件都有很大的困难。然而，英国国家保险法案的拟订者在这些方面却取得了巨大的成就。依据该法案的观点，当一个人在下列三种情况下不能获得其所想要的工作时，就可以认定为失业：(1)没有由于劳资纠纷而引发的工厂停产导致的工人空闲；(2)在某一地区，他最终获得的普通就业所享受的工资水平和工作条件低于其正常就业时所能获得的工资水平和工作条件，或者不及他可以继续这样的工作而本该得到的工资水平和工作条件；(3)在其他地区，他所获得的工资水平和工作条件低于该地区雇主和工人之间劳资协议中所规定的工资水平和工作条件，或者在没有劳资协议的前提下，低于该地区大家公认的好雇主们一般情况下所认可的工资水平与工作条件[①]。如此来看，我们会注意到，失业和工

① 参见[英王致议会命令第5991条]，第3页。

作量之间并不具有任何稳定的关系,甚至在某个单一的产业内,给定正常工作日的工作时间长短,失业和工作量之间也不具有任何的稳定关系。因为在任一时间段内,同样的工作总量可能对应的是少量超时工作抵消少量失业影响的情况,也可能对应的是大量超时工作抵消大量失业的情况。我们必须承认,这种情形会使我们的定义存在某些不合适或尴尬,但这种不合适或尴尬却是不可避免的。

以上得到的结论具有的优势是,推理严密,准确性合乎情理。而且从这一讨论的全部过程来看,我们还可以发现该结论的另一个优势,那就是可以很好地适应我们调查研究的便利性要求。然而,我们必须清楚地认识到,我们决定采用的定义与这些词的普通用法有一个重要区别。按照一般说法,失业常常和短时工或每周减少的工作天数等形成对比。而在我们的定义中,这种情况被看作失业的一部分或者某种特殊形式的失业。如果在保持失业和短时工等名词的一般意义的同时,我们引入一个新名词——“非自愿失业”,通过这个新名词可以将失业和缩短工时这两种情况集中在一起加以表示,那么我们就能够避免这些词汇的含义与它们一般用法之间的分歧。从总体上来看,对于失业的含义,人们对传统说法的反对程度似乎比对我们所采用的说法的反对程度要更强烈一些。有些读者无疑会偏向选择前一种说法,但这毕竟只是一个语言表述的问题。只要能够清楚地记住本书中所用的失业的含义是指包括缩短工时和一般意义上所理解的失业,人们就不可能对这个问题发生误解了。

失业的定义问题这样确定以后,我们就可以转向第二个问题,也就是该基础章节中的剩下的一个主题。现代国家中所流行的失业问题,究竟在多大的程度上可以切实地做出令人可信的估计,而这种估计又出于什么目的呢?当然,根据各国统计资料的可获取性的不同,不同国家对于该问题的回答必定会有所差异。对此,我们可以立刻得出结论,每一国家的这类统计资料都是极不完整、极不充分的。事实上,任意两个国家统计的失业量之间也都没有可比性。其他国家关于失业统计的更为详细的表述和说明不属于本书研究的范畴。但就英国来说,能更仔细地考虑一下失业的估计问题却是非常值得的。

从国家保险法中,我们可以得到建筑业和工程机械业的最新失业数据资料,因为国家对这两种行业都实行强制失业险。如果将这两种行业进行细分,只要次级分类中所存在的一些困难解决以后,在失业问题的直接研究中和我们对其他来源渠道的统计资料的核查中,这些数据资料就会被证明具有非常重要的意义和使用价值①。但到目前为止,对这项数据信息资料进行有益地研究还未到时候,自然地,从保险法第一部分获取的间接性推理的数据信息资料的应用研究就更不合时宜了。因此,从国家保险法中获取最新的数据资料在这里我们就不再考虑了。除此之外,我们要获取此类数据资料,就需要找到含有以下两组数据的主要来源信息。这两组数据分别是:经济萧条时期各行各业主要因雇佣短时工导致失业的具体数据和它们主要因采用解雇工人的方式导致失

① 参见《国家保险法案第1号工作报告》第Ⅱ部分,[英王致议会命令第6968条]全部。

业的具体数据。在习惯采用短时工的行业中,采煤业和钢铁工业的各相关部门都可提供这类统计数据资料。贸易委员会在从事这些行业的绝大多数企业主的报表资料中可以获得这些数据资料,其中包括在岗人员的工作天数、开工运转的锅炉数及轮班工人的班数。在那些偏好解雇工人而不是喜好雇佣短时工的行业中,主要就是指工程机械制造业、造船业、餐具制造业、印刷业、图书装订业、木材加工业和建筑业等,它们大部分也都提供此类统计数据资料。贸易委员会也可从这些行业的报表资料中获取从事这些职业的工会会员每个月底领取失业救济金的会员人数,失业救济金的领取就意味着这些工会会员的失业既不是由于疾病也不是因为卷入劳资纠纷。这两组数据初看起来似乎都可以为失业问题的测度提供依据,因为在某种意义上说,这些数据和词汇在与其相关的产业或行业范围内的相应部分都已做出了界定。但是,在对这些数据资料的含义和重要性做出正确的判断之前,我们还要提出几个重要的问题,并且需要在实际可行的范围内给出解答。

第一个问题是,对于那些不同工人群体中所发生的失业状况,这些统计数据直接指向其失业数量的测度,那么,这种测度在多大程度上能保证其在任何时候的真实性?从企业主方面搜集到的数据,对工人们在矿山等相关部门的工作天数的统计状况看起来是非常清楚的。去除纯粹由办事员引起的失误,这些数据可以提供对失业规模的准确性测量,因为企业主为求收益回报,必然关注其所雇佣的工人的工作状况。但是,从就业规模的角度却无法推断出精确的失业数据，因为对正从事于某一产业部门的工人，准备在该部门继续进行全职工作，但如果他们不能获得这种继续工作下去的机会时，这部分工人的数量就可能发生变动，而这种变动是没有记录的。从事情的表面来看，工会方面搜集的数据会更符合我们的测度要求，即使这些数据存在着几种可能错误的来源。其中的一个主要来源与工会统计的百分比有关，工会的失业百分比是指领取失业救济金的人的比例，然而有许多人失业之后，却经常没有去领失业救济金。这其中不仅包括那些太懒而不愿申请救济金的人，也包括那些因失业时间太长或失业时间不够长而没有权利领取救济金的人。但是，在英国，这种错误来源的风险要比其他国家少得多。比如，在德国，90％的工会发放失业救济金的期限规定在十个星期以内，但在英国，把发放失业救济金的期限规定在这样短的时间内的工会，却只有 11％。同时，德国工会的失业救济金要一直推迟到失业 7—15 天以后才发放，而英国却在失业 2—6 天后就开始发放[①]。而且，英国工会的劳工处在某种程度内，还要根据外部信息资料校正那些失业救济金已到期的人的数据。总体上来看，从企业主方面搜集到的矿工工作天数和钢铁工人的换班次数，不能给这两个行业内发生的失业状况提供可信的数据统计，而从工会方面搜集到的、对其他产业相关部门的统计数据，对于它们直接指向的那些工人群体的失业状况的统计是非常令人满意的。

① 参见[英王致议会命令第 4032 条]中《关于德国城镇生活费用的报告》，第 532 页。

因此，我们可以进一步谈第二个问题。假设某一工会反馈的失业百分比能充分正确地测度该工会内真实的失业状况，那么它对该工会所属行业的真实失业状况的测量能够合乎我们的统计要求而令人满意吗？在这个问题上，最明显的困难是：在大多数的产业部门中，只有一小部分的雇佣工人是工会会员。根据贸易委员会的估计，整个英国的所有受雇工人中，从事采矿和采石行业的工人参加工会组织的人数占到70%；从事建筑业的工人中，20%是工会会员；从事冶金业、工程机械制造业和造船业的工人中，参加工会的人数比例为25%；从事纺织业的工人中，该比例为50%；成衣业的该比例为20%；铁路工人参加工会的比例为25%①；其他行业，尤其是农业，其劳动人员的工会参与率就更低了。情况既然如此，某一行业中的工会会员的失业百分比究竟能在多大程度上也是对该行业的非工会会员的失业问题的公平测度，这一方面就必然无法确定了。一方面，工会会员享有一定的权利，那就是失业之后，会有一个强有力的工会组织来帮助他们找到工作；另一方面，非工会会员可以自由地接受低于“标准”工资率的工作，而工会会员却没有这种自由的权利。这些互相冲突的趋势的最终结果如何，我们现在还不能确定。但是，英国失业保险法案的第一个工作报告所提供的信息材料使我们有理由相信，工会的统计数据还是能够合理地代表各工会所属的整个行业的真实的失业状况的。贝弗里奇(Beveridge)先生研究实行强制保险行业的工会会员和非工会会员的失业统计数据之后，得出结论：“没有任何证据能够证

① 参见皇家济贫法委员会，《附录》(*Appendix*)，第9卷，第6376页。

明非工会会员和工会会员之间的失业比例存在着巨大的差异性。”①

如果上述条件被认可，也就是说，我们认为，给工会会员提供收益的行业的工会能够对其所属行业中的失业状况做出相当准确的测度，而且这个测度结果令我们满意，那么，接着我们就要提出第三个问题：不同行业的工会提供的失业统计汇总以后，得到的汇总数据能够多大程度上对获得收益的行业总体的失业状况给予公正合理的评价呢？这里就涉及一个重要的问题。英国一般情况下应用的汇总数据是以这样的方式构建的：给每一个行业记录的失业百分比赋予一定的“权重”或显示其重要程度的数值，该权重是根据接受该行业提供的收益回报人数计算得到的一个比例。因为在安排失业救济金时，我们更有可能多考虑那些预期很有可能失业的人，而对预期不可能失业的人，我们则考虑的相对少些。如果这样计算权重，与那些雇佣人员相对稳定的行业相比，那些雇佣人员波动性较大的行业，如工程机械制造业和造船业，就有可能出现获取行业收益回报的人员数量大于该行业实际雇佣的人员数量的情况。因此，英国官方统计的平均数据，与工会提供的数据相比，前者对全部行业所有群体的真实失业百分比的测度极有可能是偏于夸大的。如果，我们对权重的计算不是根据接受行业提供收益的人员数量，而是根据人口普查员对各行业实际受雇人员进行调查得到的人员数量，那么，通过该权重对各行业记录的失业百分比进行相应比例的调整后，得到的数据平均值就能给予全部行业所

① ［英王致议会命令第6965条］，第24页。

有群体的真实失业百分比一个更加准确的结果。这样一调整，其结果就会出现很大的差异。1895 年，以获得行业收益回报人员的比例来看，冶金业占到 46%，建筑业和家具业为 21%，印刷业为 19%，煤矿业是 10%，纺织行业是 3%，其他行业为 1%。H.卢埃林・史密斯(H. Llewellyn Smith)先生在一次测试中发现，根据人口调查数据加权以后的结果与根据获得行业收益回报人员数量加权得到的结果相比，百分比数据由原先的 7 减小到 4.2[①]。以同样方式，贝弗里奇先生发现，根据获得行业收益回报人员数量的比例加权之后，1893 年的失业百分比数据比 1904 年的大；而根据人口普查的数据加权，就会将 1893 年造船业和工程机械制造业特别遭受的失业不幸的加权数变小，这样就使的 1893 年的失业百分比数据比 1904 年的小[②]。以此来看，英国官方数据需要进行仔细分析之后，才能作为测度提供收益回报的各行各业总失业状况的一个指标。

然而，即使我们对提供收益回报的各行业的失业状况已经进行了充分的测度，最后，我们仍有一个问题：这个数据能否对全国的失业状况给予一个真实的描述？无法从行业获得收益回报的人员主要包括两大类：一类是拥有特别稳定、熟练技能的职业工人，如铁路服务人员等；另一类是大量的没有技能的职业工人。前一类职业工人没有失业保险，因为其拥有技能，就业就相对稳定。后一类职业工人也没有失业保险，因为有关人员太穷而交不起保险

① 失业问题委员会第三次报告，第 4564 条。

② 贝弗里奇：《失业论》(*Unemployment*)，第 21 页。

费。因此，我们非常有理由地相信，没有失业保险的技术性职业工人经历失业的人员比例，要比提供收益回报行业的要小。但对于非技术性工人中所经历的失业状况，我们却完全不知道。即使我们能够成功克服其他所有的困难，而仅仅是对这一方面状况的不了解，就使得我们无法从现有的统计数据中得出对全国范围内存在的失业总量的测度。毫无疑问，对于贸易委员会的数据或根据不同的加权方式对工会的数据资料进行修正而构建出的其他数据，我们可以相当自信地把它作为反映全国失业变动方向的一个指标，用它来说明全国不同时期内失业的扩大或缩小状况。但是，如果我们应用该数据来测度全国某一时期内所存在的绝对失业数量，这就不稳妥了。我们可以对失业做出定义，并观测其扩大与缩小，但要充分地测度出失业的数量，却是我们目前掌握的资料来源所无法办到的。除非充分了解这一点，否则我们会对下面的图(图1)做出一些轻率而毫无根据的推论。在我们理解了这一点以后，再研究这幅图，就可以帮助我们阐明随后要进行的调查研究。当我们细细思考后可以发现，假设每个工人每年换一次工作，且每次换工作三天之内就能完成，那么就会导致每年大约1%的平均失业百分比，如此分析之后，这图上所显示的百分比数据就更生动形象而富有意义了。

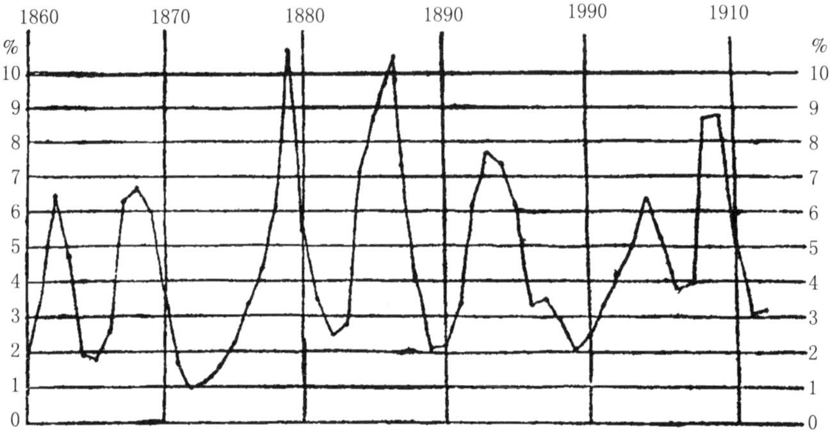

图 1　英国工会提供的失业会员的年度平均百分比

注:本图根据《英国劳工部统计资料摘要》第 15 期、第 2 页的失业百分比修正表制出,至于较早几年的数据,则是根据贸易委员会为皇家济贫法委员会所提供的备忘录[英王致议会命令第 5069 条]第 598 页制出。该修正表以加权方式得出,其中,对工程机械制造业、造船业和冶金工业,在整个时期中都给赋予 0.5 的权重。采用这一加权方式的合理解释在[英王致议会命令第 2337 条]第 79—85 页上的贸易委员会的备忘录中有详细说明。

第三章　失业的恶果

本书的观点认为，对失业的定义和测度问题是次要的，这其实在前文已经暗示过。而我们现在要转入探究的问题是失业与其所关联的社会负效应之间的关系，这个问题就很重要了。对此，我们的观点是，失业的全部意义在于它所产生的一系列恶果。我们目前的全部研究都是指向实践目标的，即如何减轻或尽可能消除这些恶果。因此，只有清楚地了解，或至少大概地确定这些问题的本质及其与失业本身的联系，对这些问题的研究才能取得有效的进展。在本章里，我将尝试对这方面的问题做一些提纲挈领的解释。

首先，最明显的一点是，失业意味着工资的损失。非自愿空闲的工人渴望从事超过他事实上所能承担的工作，这当然不是因为他喜欢多工作，而是因为他对这份工作带来的工资的喜爱远远超出他对瞬间无所事事的厌恶。通常来说，工人中任何群体的失业数量的减少都意味着该群体的总收入的增加，甚至在有些情况下，通过降低人为增加的工资率也会减少失业量而增加总收入。因此，我们可以确定，收入的减少是失业所造成的社会恶果的一个基本因素(通常这也是一个非常重要的因素)。收入的减少是渴望工作的人们却因无法找到工作而失去的收入。

然而，失业不仅减少工人一段时期内的总收入，而且失业量的变动也会导致总收入的波动。如果对未来预见充分，工人们总是能在经济繁荣时为可能随之而来的经济萧条做好充分的准备，那么，在这种情况下，对失业的研究就没有什么重要意义了。但事实上是，每个人都知道未来不能充分预见，工人们通常也不会为未来的不测做好充分准备。甚至当就业波动带来的收入变动有规律性和能够准确预测的时候，人们也倾向于对未来不做准备，当出现不规则的、痉挛式的收入变动时，人们才相对地倾向于为未来做些准备。到目前阶段，无论是个人储蓄还是集体保险都不可能发展到这样一个程度：当工人家庭的收入水平持续变动时，其家庭支出仍然处于完全稳定的状态。因此，当个人在不同时期、不同程度地遭受失业影响的时候，失业就意味着消费支出的变化。但是，如果假定某人（尤其是穷人）每周的平均消费支出已知，我们可以清楚地发现：每周的消费支出变动越大，他从消费中得到的满足感就越小。无论是从眼前的享受角度来看，还是从对健康的间接和最终的结果来看，经济繁荣时期的异乎寻常的大量消费支出并不能补偿经济萧条时期的显著缩小的消费支出。在极端情况下，这种状况就非常明显。一个星期的饥饿之后紧跟着一个星期的大吃大喝，这种情况下的满足感是不能与两个星期的适度生活的满足感相提并论的。因此，我们可以确定失业引起的社会恶果的第二个因素，那就是这样一个事实：在不同时间内，失业对遭遇失业的工人的影响力一般是变动的、不相等的，因而也就使失业者的生活标准出现不同程度的变化。

前面关于失业恶果的因素讨论与各种形式的失业都有关，甚至与短期失业形式之间也呈现出这样的专门联系。但是，当某些人连续几周或几个月内没有工作而确定为失业的时候，这种失业形式就会暴露出另外一个非常重要的因素。这种形式的失业会使遭遇失业的人的勤奋个性遭受永久性的伤害。由于缺少实践的机会，工人的技能会逐步生疏、退化，在某些情况下，工作技能的退化是一个非常严重的问题。关键的一点是，失业工人失去了的有规律性工作的习惯，他们的自尊心和自信心也会受挫。这样，当出现新的工作机会的时候，曾经一度失业的工人会发现自己已经不能胜任新的工作了。美国最近进行的一次调查就强有力地证明：对失业者而言，失去工作的最可怕的压力来自于失业对一个人的信念和斗志的打击。"如果某一时期的被迫空闲能让工人进行休养和恢复精力，那么这将是短暂失业有利的一面。但是，被迫空闲是不能让人得到休息和恢复精力的，因为失业需要找工作，而找工作的过程比工作本身更让人劳累。一位正在寻找工作的人，坐在一家慈善机构的办公室里等待经理面试的时候，讲述了他找工作的一些经历。每天早上他五点起床，然后步行三四英里的路程到一个听说可能有工作的地方。他一早过去是为了抢在别的应聘者的前面，步行去是因为他付不起车费。在第一个地方，他没能获得那份工作，因此很失望，但是为了工作，他只能迈着疲惫的步伐，再走几英里去另外一个地方，在那里他只能再一次遇到同样的失望……这个人讲述的故事经历真真切切地说明了一个事实：失业的负面影响不仅仅是损失多少收入这么简单，失业的恶果要比这多得多。失业意味着人的生命力的流逝，而生命力的损失是无法用金钱来衡量的。"[①]在这种巨大的压力之下，一个人的信念被摧

① 《美国劳动局公报》(*Bulletin of the United States Bureau of Labour*)，第79号，第906—907页。

毁，他或许就会跨越区分自立贫困与无能可悲的救济贫困之间的分界线，从而再也回不到自食其力的日子里了。

失业的恶果中还存在着另外一个因素。失业总量总是在时刻发生着变化，失业的形式又很难确定，因此，在某种意义上说，失业是不能预测的。当全部失业所具有的不确定性发生在个别人的身上时，其影响自然就非常大。对储备金很少的穷人来说，这必然会让他们产生不安定感和危险感，而这种感觉本身就是失业的一个严重恶果。H.卢埃林·史密斯先生对此是这样总结的："我认为，从历史和观察中可以得到一个确定的结论，即风险的大小和可评估性如果超出了某一界限，也就是说，这种风险成为我所定义的赌博式风险，那么遭遇这种风险就不会产生有利的支撑作用，反而会带来一种非常严重的恶果。"[①]莱罗·比利(Leroy Beaulieu)教授完全同意这种观点，并本着同样的精神宣称："特殊情况除外，一般来说，当前社会弊病的构成不是因为工资不足，而是因为就业的不确定性。"[②]

以上论述清晰地表明，失业给任何国家带来的恶果，不仅取决于失业的规模，即经济繁荣时期与经济萧条时期内的平均失业数量，而且还取决于这个失业规模在人群中的分布情况(为了问题分析的全面性，还可以这样补充描述：这个失业规模随时间变化在人群中的分布情况)。而且，如果假设其他条件不变，平均失业规模越大，失业的恶果也就越明显，这一点始终是非常正确的。所以，

① 《经济学季刊》(*Economic Journal*)，1901 年，第 518 页。

② 莱罗·比利：《论财富的分配》(*La Répartition des Richesses*)，第 612 页。

为减小平均失业规模的对应措施，一般来说是可以增进国家福利的。因此，对失业规模的讨论——不是某一时刻上存在的失业规模，而是一个长时期内的更普遍意义上的平均失业规模——将是我后面八章内容的主要工作。

第四章　失业问题的通俗解释

作为实证探究平均失业量决定因素的序言，我们可以顺便回顾一下关于失业问题的某些通俗解释，因为这些解释往往会使我们对这一问题产生模糊不清的看法。所有这些关于失业问题的通俗解释都源于这样一种理论：在目前状况下，没有足够的工作岗位让每个人都能就业，以此为前提，他们最终得到的实践结论是：无论如何，我们都应该创造更多的工作岗位。这样就谈到他们结论来源的共同基础：反对进口外国商品、谴责犯人生产制造物品和批评主张以减少工时的方式来消灭失业的做法。我们并不认为他们关于失业问题的各种诊断和治疗方法都同样愚蠢，但他们确实都存在某些错误，有时是与其他错误联系在一起，有时是仅仅偏离了经济学家们长期以来所坚持的基本原则，该种错误被称之为“工作基金谬论”。他们都坚称，只要史密斯和琼斯减少工作量或者完全放弃工作，就会使布朗和罗宾逊得到更多的工作；只要外国人不再为我们国内的市场制造汽车，只要犯人不再生产衣服，只要电车司机每天只工作 6 小时而不是 12 小时，那么我们就会有更多的工作岗位来吸收失业人口。这一学说流行得如此广泛，而且看似也非常有理，所以我们必须对此进行详细的研究。

这一学说之所以看似很有道理，就是因为它包含着令人无法

怀疑的真理成分。事实确实是这样:如果能够阻止外国人或者犯人把某种特殊类型的商品,如钢坯,输入到我们国内的市场,那么,英国从事该种特殊物品的制造行业就可以得到更多的工作机会。而且,这种情况也不是暂时性的,不会在人们适应了新情况以后就马上消失。相反,国内受到影响的这一特殊行业获得额外工作机会的可能性是永久性的。事实上可以大致这样说,每一个产业部门,分别单独地来看,它们的确是存在着固定的工作基金。如果进一步说全国所有的行业部门都存在这种固定的工作基金,那么这个推理是不是可以说得更加顺其自然而合乎情理呢?以受到国外激烈竞争的行业为例,我们可以特别分析一下该行业雇佣工人的情况。他们或许可以看到自己的企业老板乐于或急于供货的订单一批一批地落到外国厂商的手中去了。只有在特殊时期,他们企业的投标才会有一段时期特别顺利,那时他们才能体会到光辉灿烂的繁荣。当遇到其他行业的工人时,他们会发现其他行业工人的情况也和他们一样。每一行业都完全清楚,如果切断外国产品的竞争路径,国内的工人就可以得到更多的工作。当坚信其他行业的工人与自己的情况相似时,他们就会相信每一个其他行业也会因切断外国产品的竞争路径而获得更多的工作机会。他们辩称,如果国内工人能携手通过政治手段将外国人的竞争拒之于国门之外,那么我们国内工人就能得到全部的工作,失业就将成为过去的噩梦。对于那些和犯人制造的产品产生竞争的人,以及希望在当前在岗工人工作时间很长的行业中获得工作的人而言,他们的推理逻辑则全都跟上述与外国产品竞争的人的推理逻辑如出一辙。也就是说:如果能阻止犯人制造的产品的竞争,就能增加就业

岗位;如果能将在岗工人的工作时间减少一半,就可以有机会雇佣两倍于当前就业数量的工人了。

不难说明,得出这样结论的推理过程在逻辑上是有缺陷的。因为上述所有的论证推理是这样的:某一种给定的策略方法若仅仅用于A,A就会得到好处;若仅仅用于B,B就能受益;若仅仅用于C,C同样也会得到好处;因此,如果把这个策略方法同时用于A、B和C时,那么A、B和C都会得到好处;这种推论就陷入了逻辑学家所说的合成谬误。对这一谬论的一个有名的正统解释,就是扒手业的活动。假定许多人围坐在一张桌子面前,史密斯能把坐在其左手边的人的钱包偷过来,这显然会对他有好处;若琼斯可以同样地把坐在其左手边的人的钱包偷过来,他同样也会得到好处。如果围在桌子面前的人都这样做,直到绕桌子进行完一周为止。我们就可以发现,如果根据该组每个人都能从其左手边的人的口袋里偷到钱包推论出他们每个人都会因此而受益时,这就是一种谬论。当然,该谬论的秘密在于当每个人所得到的效果转换为全体人所得到的效果时,我们忽视了这样一种可能性:即史密斯单独获得某种策略方法的收益,是以其他人的相应损失为代价的。以上关于失业所列出的通俗论证中就包含着这样的推理缺陷,因此,也就无法得出我们自己想要的结论。基于每一个行业各自存在着固定工作基金的事实,我们不能以此为立足点,得出所有行业整体上也都存在固定工作基金的结论。

然而,如果仅仅是因为流行的思想为某一论点辩护时的推理过程不正确,我们因此就得出结论说这一论点本身也是不正确的,这显然是没有正当理由的做法。许多人由于错误的推理而持有某

一种观点，如果这种推理错误能成为让他们抛弃该种观点的有效依据，那么当前能站得住脚的信仰就非常少了。实际上，虽然有时支持某种论点的人所持有的理由非常荒谬，但得出的结论却常常是正确的。我们不愿意在建筑工人的脚手架下行走，倒不是因为我们迷信这样做会“不吉利”，而是担心上面的砖头会意外地掉下来砸到我们身上，所以我们就会事先明智地去避免该种情况的发生。的确，只是因为支持某种结论的一个特殊论据不充分，就因此否定该结论，这种推理过程本身包含着逻辑学家所谓的“诡辩论”的谬误。因此，我们没有权利中止当前对失业和固定工作基金等问题已经进行的各种探究。我们还必须用直接研究的方式来调查以下情况：由于切断外国人对某一特殊行业的竞争或者犯人在某一行业的竞争，由此而得到额外就业岗位，那么这种额外就业岗位是否会被其他行业就业岗位的相应减少所抵消。

在对外贸易方面，有关这方面的问题就表现得非常突出。人们普遍地认为，参照进口与出口之间的基本联系就能够得出最后的结论。一般来说，每一个国家所进口的商品与劳务必须与其等量价值的出口商品与劳务相平衡，因为出口是该国购买外国商品和劳务的唯一的最终支付手段。当然，我们不是说，某一个国家从另一个国家的进口必须和这个国家对那个国家的出口相平衡。从法国购买商品与劳务可以用其对德国的出口来间接支付。实质上，对德国的出口就以法国人在那里的债务来清偿。而且我们也不是说，一个国家从世界其他国家的全部进口必须在某一特定时刻与其出口相平衡。因为，任何人都知道，国家与国家之间都存在着大量的借入与贷出。我们最终也不是说，贸易表上所记录的进口，即使考虑到借款，也不必和同样记录在表上的出口相平衡。因为国际贸易中还存在大量的服务贸易，尤其是船舶运输和银行业务往来之间所引起的劳务支出，这些劳务支出在贸易表上是没有记录的。保留了这些和另外一些次要特性以后，一个国家对世界其他国家的出口必须与其进口相平衡。这不仅是正确的，而且还是众所周知的道理。因此，假设其他条件不变，如果进口减少，出口也应当以相应的程度减少。在这种情况下，人们往往会提出：对于某些行业说来，限制竞争性的外国商品的进口，国内提供的就业机会肯定会增加；但是对于其他那些习惯于出口制造品的行业，其就业机会就会以大致相等的幅度减少，这样就会把前面增加的那些就业机会抵消掉。关于禁止出售犯人制造的商品对就业的影响结果，我们可以进行完全相同的论证。最后来看，假定这些商品都是在国内进行交换，那么，它们就将与相同价值的其他商品相交换。如果禁止犯人制造这些商品，则制造这些商品的就业就会就可以让给监狱外面的其他人。但是这同样会导致就业机会以大致相等的幅度减少，因为那些原本以制造其他商品与这些商品相交换的人们的就业机会被破坏掉。对于减少某一行业劳动力的工作时间对就业的影响结果，我们同样可以再一次做出类似的论证：由于原本制造其他商品和这些存在额外工作时间的行业商品相交换，原本制造其他商品的工人的就业机会就会受到破坏，这就会抵消因减少在岗人员工作时间而创造的就业机会。

有一种很普遍的观点认为，这种论证应用到对外贸易上无论如何是有决定性意义的。许多作者认为，这一论证完全否定了人们的传统认识：即任何一个国家都可以通过排除或限制外国竞争来增加就业机会、从而减少国内失业量。然而，这种观点是不正确的。如果其他条件不变，进口的减少可以由出口同样的减少来平衡，这一事实本身并不能证明原来受到外国竞争的行业所创造的额外就业机会会被这个国家制造出口商品的行业所减少的就业机会相抵消。因为事实上，不同行业的相同的产品价值，不一定都能带来相等数量的就业机会。因此，一些行业就业机会的增加与另一些行业就业机会的减少并不能精确的相等，其失败的可能原因我们在这里不打算加以讨论。此外，还存在一个更主要的困难。反对者可能会提出：如果英国限制外国制造品的进口，那么其出口，如兰开夏郡能销售到国外的棉织品，确实就会减少；但这绝不意味着英国所销售的棉织品总量将会减少。相反，它用来交换德国和美国制造机器的商品，这时就完全可以用来交换英格兰和苏格兰制造的相同机器。总之，这种建议就是说，当切断竞争性商品的进口渠道时，实施进口限制国家的人民就可以生产这种商品；否则，这些人就会失业。而现在他们却有资金来等量购买出口行业原先销售到外国的那些商品了。我们暂且没有必要探究该种建议事实上是否正确。关键问题是，不论它事实上是否正确，出口与进口相平衡的实证并不能证明它不正确。因此，和普遍存在的观点相反，这种实证并不足够说明削减进口给本国内某些行业所创造的就业机会，会被本国内出口行业就业机会的等量减少所抵消。至于禁止犯人制造商品和缩短在岗人员的工作时间的建议，我们完全可以以类似的论证来解释和说明。

当理解了这一点的时候，我们有时就会求助于统计资料来支持进出口平衡的论据。有人认为，外国竞争性商品的进口量的减少，可以为本国人民提供制造相应商品的机会，而这些人原本是要处于失业状态的。如果事实确实如此，我们就应该预计到，当竞争性商品进口最多的年份，失业人口应最多；当竞争性商品进口最少的年份，失业人口应最少；同时我们还应预期到，如果某一国家从国外进口的竞争性商品在长期内呈现扩张的态势，这个国家的失业人数的平均百分比也会相应地呈现出上升趋势。然而，以英国为例，可以获得的统计资料事实上却直接否定了这种预期。如果我们绘制一条曲线来表示过去50年中成品和半成品进口量的波动（英国进口的主体部分可以看作是竞争性进口商品），并把这条曲线和表示工会会员失业变动的曲线放到一起进行比较，我们就会发现，代表成品进口的曲线上的最高点与代表失业的曲线上的最高点并不相一致。相反，在某种程度上，两者之间存在着轻微的反相关性。总的来说，在进口蓬勃发展的时代，失业人数似乎比较少；而在进口相对紧缩的时代，失业人数却相对较多。因此，我们的第一个预期并没有得到事实的证明，而我们的第二个预期也处于类似的状况。因为，自1860年以来，英国成品和半成品进口的平均值逐年增加，从最初的三千多万英镑增加到一亿三千多万英镑。但就已获取的统计资料而言，工会会员失业的平均百分比实质上却没有变动。[①] 根据这些事实，人们所说的限制竞争性商品的进口，就可以为原本失业的工人创造新的就业机会，而不仅仅是把就业机会从某一类行业转移到另一类行业，上述说法和观点是

① 关于本书所根据事实的详细研究，请参见庇古：《论保护关税与特惠进口关税》(*Protection and Preferential Import Duties*)，第48—55页。

得不到这些事实支撑的。这些论据虽说有些分量,却不是决定性的。因为作为答复,人们就会面临这样一种建议:制造业产品进口兴旺和失业人数减少的发生都是经济繁荣所带来的一般影响。在这一般影响的作用下,进口的负面影响就被掩盖了,因此从统计数据上也看不出这种影响。但是,这种负面影响却依然存在。如果削减进口,同时这种影响保持不变,那么,经济繁荣时期的失业量就会下降到一个比现在达到的水平更低的水平。这种建议当然没有直接证据的支持,但它也不能被因此而举出的统计论据推翻。所以,这种论据像进出口相平衡的直接论据一样,无法证明竞争性商品的进口限制是不能为采取该限制政策的国家的人们提供更多的就业机会的。

迄今为止,我们所回顾的各种论证的无效性是很容易解释的。这些论证都没有透过表层而深入到至关重要的内在原因中去。然而,经济学家却熟知一种更充分的分析。我们从国家那些失业工人的角度来看,对于他们的失业,我们坚决地认为,排除竞争性商品的进口、禁止犯人的劳动和减少正常的工作时间,就可以为他们创造就业机会。可是,这些人为什么会失业呢? 这是因为在他们所要求的工资水平上,没有人需要他们的劳务,所以他们就失业了。除非他们降低工资要求,而且又出现有人需求他们劳动的时候,他们才能停止失业而重新就业。但是,这种需求又从哪里来呢? 它只能来自于国家的总收入,也就是说,来自于社会上其他行业部门的资本与劳动的生产物品。因此,我们就可以这样说,排除竞争性商品的进口、禁止犯人的劳动和减少正常的工作时间,要在一定条件下,而且只有在这个条件下,才能为他们创造就业机会。

也就是说，这些策略和手段必须能成功地使社会上其他行业部门的资本与劳动的生产效率更高。禁止犯人劳动肯定做不到这一点，而且必定会产生相反的效果。缩短正常工作时间能否做到这一点，要看额外闲暇给工人带来的生产效率的增加与工作时间减少造成的生产效率的减少之间的比较而定。排除竞争性商品的进口能不能做到这一点，要看企业家直接生产制造该商品和通过与外国进行贸易获得该商品是不是一样的价钱，要看在这一过程中，哪一种方式能更便宜地获得该种商品。这是经济学家们对这一问题的解答，多数人对该问题的通俗讨论已经被证明是不能令人满意的了。换一种说法，这个解答大体上可以这样表述：任何国家的工人们都不可能有固定的工作基金，通过抑制某种商品的供给来源的方式，我们或许能够增加某一种特殊职业的工人们的就业机会，但是我们不能够直接增加国家全体工人们的就业机会。当然，要取得增加国家全体工人们的就业机会的结果，我们可以以间接的方式实现，但其前提条件是，我们的行动必须能够带来更富有成效的生产资源的发展。简言之，只要这种行动不是限制已就业工人的产出水平，而是相反地扩大了他们的产出水平的时候，就能实现国家全体工人们的就业机会的增加。

从前几页的批判性讨论中，我们认为现在可以形成实证性的结论了。该结论是，每个国家的失业量都有与生产率成反向变动的倾向，或者从本质上说是与国家的人均实际收入成反向变动的倾向。因此，富裕国家的失业比例就应该比贫穷国家的小，而且每个国家的失业比例都应随其财富的增长而减少。任何人在做出这种推论的时候，都会马上面临让他必须停顿下来的事实。根据我们目前所掌握的极不充分的统计资料来看，没有任何理由证明现代世界中较富裕的国家比较贫穷的国家事实上遭受较小的失业损害，同时也没有任何理由认为财富的巨大增长会伴随着失业平均百分比的显著下降。英国就是一个实例，其财富在过去的半世纪中增长很快，但其失业平均百分比却没有明显的下降。这些事实乍一看起来很令人诧异，然而实际上却不是这样。实际收入的增加并不是无条件地减少失业，只有当工人们规定的平均工资率保持不变时，财富的增长才意味着劳动力需求的增加，进而才会带来失业的减少。事实上，无论是同一时期不同国家之间实际财富的变化，还是不同时期同一国家内实际财富的变化，都有与工人们规定的工资的相应变化联系在一起的倾向。这是不可避免的。因为国民财富的增加或减小这一事实，必然会影响到人们所持有的关于合理工资构成的观念和想法。我们事实上也看到了，不同国家不同时期内工人们对工资水平变动的反应。因此，我们没有权利得出这样的结论：失业可能与国家的贫穷相联系。这样来看，本章内容完全是批判性的，而且也没有为实证结论提出依据。

第五章　静态失业

正如刚才所说，上一章没能使实证结论成为事实，但它却揭示了一种方法。因为它清晰地说明了一种理论上的可能性：即行业的各部门在任何时候的工资率，都可以调整到满足各种级别的劳动力的需求，从而使任何形式的失业都不存在。也就是说，它表明失业的存在完全是由工资率与劳动力需求之间的关系失衡所引起的。这样，它就为我们下一步的调查研究指明了所应遵循的道路：即必须采取一种探究的形式来分析各种失衡的影响以及各种失衡是如何引起的。对所有级别的工人来说，如果平均工资率（并非某些特殊时期内所盛行的工资率）在相当长的时期内是由自由竞争的力量所决定的，那么对于不同级别的劳动力而言，只有其需求经受波动时，失业才可能产生。除了这种波动之外，就不可能存在其他任何形式的失业。但是，从这个意义上解释，平均工资率事实上并不是在任何地方都由自由竞争的力量来决定的，因此，失业的产生方式或许还受到其他一些因素的影响。本章的目的就是要调查研究这些影响因素。为了达到这一目的，最方便的做法就是消除现实生活中由波动这一事实所引起的各种复杂性，从而采用一个完全静止状态的概念。在这种静止状态中，所有形式的产业活动在每个地方都以一种恒定不变的速度进行着，任何厂商或产业活动既不扩张也不衰退。各种谷物的产出收益每年都一样，社会时尚也不发生改变。总之，生命之轮始终以一个不变的速度在持续不断地旋转着。

首先要考虑的情形如下所示。有时候会发生这样一种情况：对于某些级别的工人来说，产业领域内的主要部门的工资率是由市场竞争力量自由调整的，于是这些部门便能吸收聚集在这一领域内的所有工人。但是在一个或多个选点上，工资率却莫名其妙地高于自由竞争决定的适当水平。如果在某一行业或某一个地方，工人们碰巧拥有一个特别强大的工会组织，那么前面所考虑的那种异常高的工资率的情况就会时常出现，甚至还会在一个很长的时期内存在。毫无疑问，即使一个工会有能力强制实行异常高的工资率，它也会发现运用其能力并不是总能达到自己的目的。因为在很多情况下，工会的工人帮助生产出来的商品与其他同类商品或竞争对手的商品之间存在着激烈的竞争，如果工会强制实行异常高的工资率，就会导致企业主增加生产成本，结果就将阻止企业主获得大量的订单。这种方式会导致企业大比例地减少对工人劳务的需求，这样会使工人们的总收入减少，而不是增加。但是在某些情况下，一组工人（如煤矿工人或医生）给予的劳务没有完全替代品，因此，对于他们的劳务，人们宁愿付出极高的价格，也不愿意大量地缩减购买量。在这些情况下，制定异常高的工资率，就会增加受此影响的工人们的实际总收入。因此，在这种情况下，如果能确立高工资率，不管怎样，它都能保证工人们获得当前利益，甚至也可能保证他们获得长远利益。工会活动不是导致异常高工资率制定的唯一程序。这种高工资率也可能由公众舆论通过消费

者协会的压力或者由市政当局公平工资决议的压力而强行获得，同时也可以由工资委员会或者强制性仲裁实施的法律压力而强制获得。

为了说明任一职业的异常高工资率的制定对失业的影响，我们假设受影响行业的竞争性工资和其他地方的同类工作规定的工资相等，同时假设其实际工资在前面水平的基础上被人为地提高了10%。这一假设除了济贫法的救济制度对某些特殊地方的特别优惠以外，一般情况下是有效的。那么，根据初步估计看上去的结果是，新的工人将被吸引到这一受影响的行业中，直到其预期收入下降到该行业之外的普遍接受的收入水平（这种预期可以解释为工资率与就业机会的乘积）。这一结果显然意味着该行业工资率的提高将会产生10%的失业。而且，如果我们稍微仔细地考虑一下这些事实，就会认识到，这种初步估计在某种程度上低估了给定的人为工资率因素所导致的失业数量。因为在对不同职业的相对优势进行评价的时候，工人们倾向于更多地关注货币工资，原因是，货币工资是显而易见的，而失业的可能性却是模糊不清的东西。这就是说，如果把工资率在一般水平的基础上提高10%，就可能使许多人加入到这一行业，结果使他们的平均收入实际上比其他地方的同类工作所能获得的收入还要低。换句话说，集中在该行业的工人的失业数量平均来说超过了10%。的确，我们没有理由认为这些人当中的任何一个人会永久性失业，但失业总量是不变的，它是由每一个独立的失业个体组成的。只是这些人在经历失业的时候，有时是这些人失业，有时是另外一些人失业，但失业总量是相对稳定的。

刚才所说的情况表明，在产业领域的某一点上，由于工资率的制定存在着人为因素，所以就必然导致一定数量的失业，其唯一可能的“补救方法”就是废除或减少这种人为因素。但是这个结论是没有正当理由的。因为在上述采用的论证的整个过程中，我们默认的假定是，受影响行业中的工人的参与方式是这样的：任何一个考虑加入该行业的局外人可能都期待着一种和已经加入到该行业中的人差不多同样好的就业前景。如果这个假定成立，那么该行业的预期收入就可以正当地解释为工资率与就业机会的乘积。事实上，从这个意义上说，预期收入就可以大致决定加入某一行业或某一产业的工人数量。但是，如果某一行业中可以获得的工作机会被严格地集中于一群限定的人员，而这些人实际上而不是名义上构成了该行业的永久性员工，那么事情的结果就完全不同了。例如，假使某一行业的企业主安排其雇员从事工作的计划与“英国和印度文官制度”所采用的计划一样，即一次性选定人员，并委派他们长时期地从事某项工作。在这种情况下，我们能发现的客观事实是，人为增高的工资率会吸引人们进入到该行业，在该行业获得充分就业之后，高工资率就没有吸收更多追随人员集中到该行业的作用了。毫无疑问，与前面采用的数学计算方法一样，预期收入等于工资率与就业机会的乘积。但是这种预期就不能再用来测度行业吸引力的大小了。无论该行业内部人员的工资多么高，对想加入该行业的任何局外人来说，他们聚集在该行业的周围以期分享这高额工资，但如果确定无法分享到这高额工资，局外人向该行业的集中就完全没有意义了。因此我们可以得出这样的结论：某一产业领域内任何部门人为制定的高工资率，只有当该行业普

遍采用的雇佣方式为所谓的休闲型时，才会引起失业。如果该行业普遍采用的雇佣方式是所谓的集中型时，高工资率便不会引起失业。这一命题的一个明显推论就是：如果某行业采用的是中间型的雇佣方式，那么它所引起的失业量可能大，也可能小，这要看该雇佣方式是更接近休闲型的，还是更接近集中型的。由此可见，对任何级别的劳动力而言，如果产业领域内主要部门的平均工资率是由竞争条件决定的，而特殊点上的工资率则被人为地提高一些，那么这些点上若采用以优先名单为基础的策略雇佣人员，因而就将雇佣方式从休闲型变为集中型，这样就可以构成补救失业的一个真正措施。这种名单，不论上面的名字是按照字母的顺序排列，还是按照优点的顺序排列，抑或是按照其他的顺序排列，只要他们需要的工人是严格按照名单上所排列的顺序被雇佣，就可以同样产生集中的效果。优先名单即使是由许多不同的需求中心来分别应用，也可以非常好地达到补救失业的目的。如果这些优先名单是由一个中心集中应用于整个产业或整个地区，那么其效果就可以大大提高。因此，运用优先名单的职业介绍所，就可以在很大程度上提高雇佣工人们的集中度。不管怎样，我们不应该忘记，以这种方式形成的集中只有在给定条件下才能减少失业总量，该条件是：在那些维持人为高工资率的特殊点之外，对被考虑的这一级别的工人而言，他们就业领域内存在的工资率是由竞争条件自由决定的。

在现代世界，制定的人为工资如果仅限于对集中在有限数量点上的特殊级别的那些工人，那么该人为工资就不可能有太大的实际意义。毫无疑问，在某些特殊情况下，一个强有力的工会有可能在一个时期内对某一相关的职业维持这种人为工资。但是，不久以后，非工会会员一般都会看清楚，若接受比工会工资率略低一点的工资，他们就可以获得稳定的就业机会和高额的收入。这种认识必然会形成一个强大的诱惑。“毫无疑问，他们名义上会坚持规定的工资率，但是有什么办法能防止他们签订以特殊的劳动强度来交换这种工资的合约呢？或者像英格兰北部铁制品行业在仲裁人面前经常建议的一样，他们难道会放弃少许额外利益吗？这些额外利益通常是可以增加实际工资的。事实上，有很多巧妙的方法可以在工会的防护栏上造成一个裂口”[①]。以前要进入一个行业，工人们要受旧学徒制度的限制。自从旧学徒制度在实践中消失以后，在工会的防护栏上造成裂口的方法就越来越多，而且越来越容易了。如果工会因此而不能有效地为聚集在某些特殊点的工人制定一种有利的人为工资率，那么公共舆论或者政府当局一般也都不愿这样做。当这些势力完全发生作用时，他们几乎都不限制提高从某一特殊级别工人中随意挑选出来的某些工人的工资，而且会把他们的这一提高工资的行动扩大到整个级别的工人中。因此，我们可以公正地得出结论，我们迄今所进行的讨论的情况在实践中并不是太重要。

我们现在要转向第二种情况的讨论，这种情况的重要性就完全不同了。所有的普通产业部门雇佣的工人不是完全相同的，而且他们的产业生产能力也存在着很大的差异。理论上，不同工人的工资当然可能按照他们的生产能力的不同而做出准确的调整，

① 庇古:《产业和平的原理与方法》，第 48 页。

这样便可以使每单位的生产效率都能获得相同的工资率。但事实上，经济领域内存在着各种各样的摩擦力，这些摩擦力阻碍着正常的经济作用力的充分发挥，由此使得下等工人与上等工人的工资率与他们的相对效率所能保证的工资率相比，下等工人的工资率与其实际生产效率所保证的工资率保持得更接近。因此，我们可以假定，任何给定产业的上等工人的工资处在自由竞争所显示的水平上，那么下等工人的工资在某种程度上就倾向于高于该水平，这样，下等工人的工资也就被人为提高了。甚至在纯粹的计件工资制度下，情况也是如此。因为在这种制度下，快手比慢手所多得的工资虽然和他的额外产量成比例，但是因为在完成任何工作任务时，他所占用机器的时间较短而给雇主带来了间接利益，他却没有因此获得更多的报酬。然而，在实行计时工资制的地方，工人们之间的差异性是最显著的。“实际上，就工人的生产低效率而言，如果是由某种明确可见的原因如年老而造成的，那么，即使是在计时工资的方法下，根据效率来调整工人们的报酬似乎也是合理可行的。实行计时工资制的某些工会经常做出一些特殊的规定，允许 60 岁以上的工人接受低于标准工资率的工资水平而进行工作。贝弗里奇先生指出，这种规定出现在家具业、印刷业、制革业和建筑业的工会规章中。其中的一个工会为了消除失业基金，不但允许，而且是由它的分支机构强迫 56 岁以上的工人接受低于标准工资率的工资水平。然而，产业部门中许多工人的相对低效率与年老或疾病等这些确定的客观事情无关。对于这类人，根据效率来调整工资就更难实施了。这种困难的性质可以用新西兰仲裁法下经常讨论的‘慢手’案例来说明。与最低工资的裁定相联系，仲裁法庭通常规定由一个法官为慢手设置‘低工资率的下限’。在该法案实施的早期，对低工资率下限的要求的许可证能够从有关工会的主席或书记那里取得。然而结果发现，工会的行政官员特别不愿意给非年老、意外事故或疾病等明显困扰而造成的慢手颁发许可证。在听取了工会代表的建议之后，现已做出新规定，颁发许可证的权力委托给了地方调解委员会主席。在维多利亚，许可证的颁发权力掌握在工厂总监手中，获得该许可证须服从一个条件：任何工厂使用许可证的工人不得超过该工厂完全以最低工资雇佣的成年工人的1/5。工会之所以不愿意批准许可证，当然是因为担心许可证可能会提高那些具有普通效率而有权领取全额工资的工人的产出标准，从而隐性地降低最低工资率。当工会有义务对失业会员支付大量失业救济金时，这种不愿批准许可证的趋势自然就会得到抑制。但是，无论情况如何，工会不愿颁发许可证还是保留着一些力量，而且由于低工资率边界上的工人不愿意申请许可证，同时雇主也不愿意获得以低工资率下限雇佣工人的名声，这又会进一步增强这种力量。”[①]由此可见，计时工资即使没有过度的刚性，也为根据效率来调整工资做出了重要的努力，但是其所能达到的真正调整的程度可能不及计件工资。阻碍人们按照效率来适当地调整工资的实际困难在于次级工人的工资率中引入了一种人为因素，这无疑易于使平均失业量大于它本该应有的数量水平。因此，若打算开发一种能改进调整的方法，不论是采用以计件工资来代替计时工资的形式，还是采用更好地组织实施计时工资的形

① 庇古：《福利经济学》，第299—301页。

式，都可以认为是一种在一定范围内正确补救失业的方法。

还有第三种情况，这种情况也是非常重要的。有时候碰巧发生这样的情况：就低等级的工人而言，他们的工资率无论是由于习惯、法律或者其他方面的原因而在全国的所有产业部门中被提高到一定的水平之上，这一水平在现有的需求条件下使该等级中所有的男性或女性都能获得就业岗位。对于提供一个体面生活所必需的收入量，人们会有一个粗略的想法。那就是当充分就业时，他们的收入至少要达到维持体面生活的程度。如果支付给任何级别的正常工人的工资水平不能使其收入满足体面生活的要求，公众舆论就会表现出憎恨之意。这种情感背后所存在的人道主义思想，可以通过习惯或者法律表现出来。在英国，由于某种原因使人们认为每周十先令似乎是许多女性工作的习惯报酬。这一工资水平很大程度上就是基于这种人道主义思想的作用而制定的。在维多利亚和南澳大利亚的殖民地，这种人道主义思想已经被赋予了法律的形式。所有注册的工厂如果每周的工资报酬在维多利亚低于二先令六便士或在南澳大利亚低于四先令，都是被法律所禁止的。在新西兰，这种多少带有装饰性质的最低工资率通过法律条款又被提高到真正具有实际效果的程度。这一条款是：任一工厂雇佣工人的工资报酬每周不得低于五先令，并且每年工资增长不得少于每周三先令，直到每周工资达到 20 先令为止[①]。这些法律没有真正延伸到从事农业的工人身上，其原因或许是由于在这分散的产业部门中去尝试实施这些法律必然存在着实际应用的困

① 雷纳德：《论最低工资》(*Vers le salaire minimum*)，第 335 页。

难。但是，基于当前关于什么是合理生存的观点，这些法律背后的精神，很显然是要尽可能在全国范围内为最低级别的工人们制定某种最低工资率。

正如上一章结尾所谈到的，公众舆论所倾向确定的工资并不是绝对的，而是根据受影响国家的贫富程度的不同而呈现出高低差异。当雇佣工人的工资率低于某一水平就被认为是有损名誉事情的时候，该国的工资水平就会相对较高，如美国和英国的工资水平就比俄国和印度的高。因为国家越富有，其对各种级别劳动力的需求也就会越大。源于这一事实，上面的这种情况就会有一个很重要的结论：如果某一社会的财富增长了（因而也就增加了对劳动力的需求），而人们所接受的人道主义最低工资率保持不变，那么失业就必然减少；如果人道主义最低工资率提高，而社会财富保持不变，那么失业也就必然增加。然而，除非其他条件也变化，否则国家的财富数量和该国认定可接受的人道主义最低工资率实际上是不大可能发生持久变化的。这些结论与其初看起来相比，更具有假定意义和更缺少实际意义。在实际生活中，如果社会财富和人道主义最低工资率的确都发生变动时，这两种变动可能是这样联系在一起的：它们对平均失业量所产生的作用效果多少就会相互抵消。如此来看，人道主义最低工资水平和物质财富水平都不能毫无保留地被认为是平均失业量所依赖的决定性因素。但是，我的一个论点是：从任一国家所存在的最低级别的工人与其总财富的数量比较中，我们可以找到平均失业量所依赖的决定性因素，最低级别的工人是指因天赋和教育都很差而不能进行真正有效率工作的工人。如果两个国家的财富数量和人口数量都相等，

但是其中一个国家的人口在不同级别的分布状况是，相对较多的人口集中在级别和效率都最低的那一等级，那么这个国家的失业群体就可能比较大。因此，任何有助于减少国家内只能从事最贫困工作的非技术性工人的比重的事情，一般来说，就是减少平均失业量的决定性因素。

紧接前面所述，工人阶级在教育、体力、脑力和道德方面的进步，在一定程度内可以真正称为对失业的补救。教育通过发展人们的一般能力，有时也可以发展人们与某一特殊产业相关联的特种技术能力，来提升那些低效率的非技术性工人的等级，这样，他们即使不能进入技术性工人的等级行列，至少也能成为有效率的非技术性工人。教育以这种方式减少了能力极差的最低级别的人数。在基于人道主义考虑而实施的工资水平下，这些人的劳务是供过于求的。附带着再加一句，这还不是教育的全部效果。因为新技术性工人的发展意味着，实际上就是，生产能力的增加，从而也就增加了国家的实际收入，进一步就间接地增加了对最低级别的工人的劳务需求。但是，从目前的观点来看，这个结果不应该被强调。因为我们前面已经看到，实际收入的增加可能会伴随着人道主义最低工资的相应提高，这样就会抵消收入增加对失业的有利影响。然而教育能导致最低级别工人数量的减少，该影响是不会被上述的这种作用方式抵消掉的。因此，教育是一个可以减少平均失业量的真正因素。

当然，在这里详述国内小学教育的组织问题是不合实际的。但是，在决定一个男孩是成为低级别的非技术性工人还是成为更优秀的人物方面，还有一个几乎同样重要的影响因素在发挥作用。

那就是在已经过了上学年龄之后的头几年里，他所经历的生活的一般性质。在职业生涯的这段时期内，向他敞开的职业选择，一是当时的工资特别高，但不提供培训，甚至还可能会损害他的才能；二是当时的收益少，但可以为多年之后储存能力。当前产生可观收益的职业主要有两类：一类是虽然有技术，但只可能适合男孩，而不能为成年男人的工作提供准备的各种工作，例如在制靴业和制鞋业中，孩子们小巧的手指对这些行业的操作就特别有利；另一类是当前有大量需求的非技术性的各种童工工作。皇家济贫法委员会报告，英国的各大城市，尤其是伦敦，“有数不清的工作空缺需要雇佣童工，如跟班小弟、送奶工、机关和商店跑差、货车、卡车和电车服务生、沿街兜售的小贩等。”[①]这两类工作，实质上都不能说具有教育意义。关于这些特殊类型的工作，杰克逊(Jackson)先生在他写给济贫法委员会的报告中认为：“它们对于儿童的伤害不是迫使他们全身心地投入成为像成人一样的非技术性劳动力，而是雇佣他们童年的多少有些特殊的工作性质，使他们不适合成为优秀的低技能劳动者。”如果从教育的视角来看，这些向儿童敞开的各种非技术性劳动对儿童们的伤害可能会更糟。我们有理由认为，许多这样的工作不仅不能培训儿童，而且对屈从于该工作的儿童的培训实际上还有反作用。这其中的主要原因，杰克逊先生表述得很好：“仅仅是手或者眼的技能并不是一切。我们需要培养性格和责任感，还必须培养和发展道德、勇气、毅力、脑力、稳健、强健的肌肉和耐力。”如果雇佣非技术童工的各种状况得不到缓解，儿

① 皇家济贫法委员会：《多数党报告》(*Majority Report*)，第150页。

童的这些一般品质就经受不住它们的伤害。杰克逊先生在报告中有这样的观点:“货车服务生的职业很可能破坏他们的勤奋性格。”然后他又补充说:“人们实际上都一致认为沿街兜售是最容易让儿童堕落的。因为这类工作不仅没有教给儿童职业技能,反而是在儿童最需要广义而言的教育经历的时候,却吸纳和耗费了他们的童年时光。”[①]毫无疑问,通过比较从事这类工作的儿童与其他的一般儿童在性格和今后生活状况上的差异,以此来尝试证明这类工作对儿童的恶化结果,这样做是不能令人满意的。因为事实上这些低劣的工作一般情况下都是由家庭条件较差的儿童来做的。这一重要观点是由西德尼·巴克斯顿(Sidney Buxton)先生在有关电报童工的讨论中提出来的。他公正地提出,通过对电报童工和那些进入技术性行业的儿童在今后生活状况上的比较,就因此而谴责电报信息服务这一职业,这样做是不公平的。因为大多数的电报童工无论如何是不会进入到这些技术性行业的。在获得了电报童工和他们同龄兄弟们在今后生活上的比较信息之后,他发现,在某些城市电报童工似乎比较成功,但在其他一些城市,他们的同龄兄弟则比较成功[②]。应用这一批判性的观点对沿街兜售业进行评论时,其公正性得到了1903年童工雇佣法案委员会的认可:“如果将沿街兜售童工偷懒与犯罪的生活方式全部都归因于他们的职业,这种看法就偏离客观事实太远而有失公正了。沿街兜售儿童来自赤贫阶级,家庭影响对他们成长不利,他们绝大多数生

① 皇家济贫法委员会:《多数党报告》,附录,第20卷,第23—27页。

② 皇家济贫法委员会:《多数党报告》,第222页。

活在街头，因此，他们的发展从小就受到了阻碍，自然也就很少有机会能成为其他职业类型的优秀人物了。”[①]对于儿童从事的许多非技术性职业，尽管有关这方面的统计资料必须谨慎地看待与分析，但一般经验似乎都明确地认为，这类职业对儿童不仅没有教育作用，实际上还有恶化作用。这些各种各样的有工资报酬而没有教育作用的工作岗位对有些地方的产业活动仍实行的学徒制形成了强有力的竞争，同时也对夜校和技术学校等无利可图的工作形成了强有力的竞争。许多父母或是由于无知，或是由于贫困，而致使为他们的孩子或允许他们的孩子自己选择当前更有吸引力的工作，而不选择未来更有优势的工作。因此，对那些更有远见和更为富有的处在权威位置的人来说，这就给他们提供了给予鼓励和施加压力的机会。有些慈善的企业主，如吉百利兄弟有限公司（我们有权将最近进行改革的英国邮政局加入这类企业）[②]，已经意识到他们在这方面的义务。伯恩维勒工厂为其受雇儿童体力和脑力的培训做了详尽的规定。所有未到法定年龄的员工都要应用这一规定是他们的就业条件。国家应该公开地支持企业的这些努力，可以用其掌握的部分国家基金为未成年人提供教育设施，也可以在实际中禁止过长的劳动时间和有害的工作形式以防止设施建立方从中获取利益。有证据表明，公众舆论正逐步开始支持这些政策。萨德勒（Sadler）校长认为：“雇主，包括政府各部门、制造商、贸易

① 《童工雇佣法案部门委员会报告》（*Report of the Departmental Committee On the Employment of Children Act*），1903年，［英王致议会命令第5229条］，第12页。

② 参见《邮局童工常务委员会第3次报告》（*Third Report of the Standing Committee on Boy Labour in the Post Office*），［英王致议会命令第6959条］的全文。

公司、零售商和家佣童工的雇主在内，都应当承担法定责任，允许他们所雇佣的17岁以下的未成年人冬季里参加体育、技术和一般教育课程，时间至少要达到每周四小时，参加课程的具体时间是当这些学生不会因为疲倦而无法从教学中获取收益的时候。”伴随着这一规定，他还要求“强制减少那些工时过长的地方的青少年劳动力的工作时间”[①]。已故的巴奈特(Barnett)牧师希望议会能通过“强制雇主为他们雇佣的未成年人获得每周参加夜校课程许可证的法案”。[②] 最后，济贫法委员会少数党得出结论：“我们认为，任何职业的雇主雇佣15岁以下的童工，或者雇佣18岁以下的未成年人每周工作超过30小时就是违法的；与此相结合，雇主还要承担一项义务：他必须将确保15—18岁的未成年人报名参加能给予体能训练和技术教育的合适公共学院作为允许其在产业活动中雇佣未成年人的条件；同时儿童自身也要承担一项义务，就是他们参加这类学院教育的时间必须每周不低于30小时。这样修正工厂法和教育法之后将会有很多好处。”[③]德国实行这样的法案已经将近20年了。“1819年颁布的帝国产业法规定，任何产业部门的企业主应当允许18岁以下的工人参加官方认可的业余补习学校，……必要的学习时间由官方规定。地方议会必须让18岁以下的所有男性工人都参加这类学校。”[④]我认为，这种压力会无可争议地对社会的一般利益产生作用。但在本书，我们不关心对一般利

① 皇家济贫法委员会：《多数党报告》，第224—225页。

② 巴奈特：《迈向社会改革》(*Towards Social Reform*)，第99页。

③ 皇家济贫法委员会：《少数党报告》(*Minority Report*)，第1191页。

④ 皇家济贫法委员会：《少数党报告》，附录，第20卷，第30页。

益特征的讨论。这里我们需要强调的一点是，这种政策的采用，有助于减少平均失业量，因此被认为对减少失业具有相当重要的影响。

第六章　工资率的弹性

迄今为止，我们的注意力局限在静态工资率和劳动力需求间的失调等这一类情况上。现在我们把失调这类情况放到一边。因为，在现实世界里，产业领域的每一部分对劳动力的需求都容易发生波动，作为这一明显的客观事实的结果，现实中还存在许多额外失调状况的作用空间。为了本章的讨论，我们认为这些波动的存在是理所当然的，并且我们假定它们的大小和一般特征已知。这些波动不存在导致失业的必然性：因为产业领域中工人们在每一点上所要求的工资率，都能对需求的变动做出相应的反应，从而使任何地方都不会存在工人数量超过雇主所意愿雇佣数量的情况。这种方式的工资率变动我称为完全弹性的工资率。当然，现实生活中，众所周知的是，工资率不存在以上意义的完全弹性，而且工资率的波动会涉及失业。然而，同样众所周知的是，工资率通常并不是完全缺乏弹性的。相反，劳动力一般需求的增加或减少，总是有可能导致工人所接受的工资率在某种程度上的增加或减少。因此，该推理本身表明，如果给定产业波动的大小，那么这种波动所涉及的失业量是大还是小要根据工资率弹性是小还是大而定。如果产业领域内的所有部门中发生的所有波动完全相同，那么，很明显，这个推论是正确的；如果这些波动不完全相同，但如果劳动力在不同部门之间的流动被完全阻止，那么这一推论同样也是正确的。但实际上存在以下情况：产业的不同部门的波动是相对的，而劳动力的流动性（大致来说，也就是劳动力在经济引力的影响下从某一地点或某一职业流动到另一个地点或另一个职业的容易程度）是不完全的，因此，问题就不是这么简单了。因为面对地方上的波动，工资率某种程度上的刚性就会刺激人们组织劳动力的流动。这就让工资率有了更大的弹性，所以长期来看，现行的失业人数比人们预期的要少一些。但如果我们假定（现在我们或许有理由这样假定），流动性组织的普遍利益本身会推动人们以职业介绍所等方式来积极地组织劳动力的流动，在其活力作用下，对劳动力流动的进一步刺激就没有多少作用空间了，那么我们就可以把原本解释工资率刚性长期作用的这一符合条件的考虑安全地放到一边了。因此，我们就权利做出这样一个普遍性的结论：面对劳动力需求的变动，工资率的刚性越大，失业率就可能越高。

最近发生的有关英国和德国各自现行的正常失业量比较的讨论中，其中有些部分可以为上述结论提供一个有趣的实际说明。这两个国家统计资料的搜集没有完全相似的基准，因此，至于哪一个国家遭受的失业更严重，我们无法保证给出决定性的判断。但是，通过理清某些影响因素，明确哪些因素影响这个国家，哪些因素影响另一个国家，以此来比较这两个国家可能受到的失业影响的严重性，事实证明是可行的。在这些影响因素的分析过程中，英国贸易委员会在最近的一份报告中做出如下陈述：“在德国，工会标准工资率的盛行程度不及英国。因此，德国工人能够更加自由地以低于他们之前就业时的工资水平接受工作，尤其是在经济萧条的时候。这样，他们就可以以更快的速度恢复就业，由此就降低了工会会员的失业百分比……”[①]在这一比较中，尽管受制于一些统计的不确定性，但却有一个简单而令人信服的客观经验，就是工资率弹性——必须指出的是，弹性不仅是指变化的可能性，而且是指根据劳动力需求的变动而变化的可能性——作为减少平均失业量的一种手段，它有一定的优势。

在调查现在任一特殊工资制度的弹性大小的决定性原因的时候，我们首先可以很方便地考虑弹性处处受阻这一重要的一般情况。这种情况从广义上说，就是所有现代国家所采用的本位货币的购买力都是可变的。当然，我这样说，并不仅仅是指某一特殊物品的价格的时常波动，因为单一物品的这种价格波动是产业波动的必然结果。因此，我所说的是指一般物品的价格的时常波动。这不仅是小麦和铁的价值之间的相对变动，而且也是可购买物品的总价值相对于金镑的变动。总之，一金镑在不同的时期内所能支配的一般物品的数量是不同的。如果每个人都能充分地理解这一情况，这也许对当前的工资率弹性问题没有任何参考意义，但事实上，绝大多数人并不能充分地理解这一情况。俗话说，人们想的是黄金和白银，而不是黄金和白银能购买什么。除去我们这里不想考虑的经济摩擦的某些复杂结果以外，本位货币购买力的变动结果是很容易看到的。比如，如果货币的一般购买力的上升是黄金供给稀缺性的结果，那么以货币表示的劳动力需求，除了某些产业中以商品表示的真实劳动力需求以相同的或更大的程度同时扩

① ［英王致议会命令第4032条］，第211页。

张以外，在其他所有产业中都必然下降。如果我们集中关注一些以商品表示的真实劳动力需求保持不变的产业，就可以明白这一点了。在这种情况下，我们假定，在货币工资率变化之前，雇主愿意以每周30先令的工资雇佣一万人；在货币工资率变化之后，他们现在愿意以每周28先令的工资雇佣同样数量的工人。这每周28先令的工资所能支配的商品和劳务的数量与之前每周30先令工资的商品和劳务的支配量是相同的。如果受影响的工人能够充分理解所发生的一切，他们就会明白每周28先令的工资，会因为现在物价的下降，与物价未降之前的每周30先令的工资是完全相等的。因此，除非能提出要求增加真实工资的某种理由，否则他们就不会抵制降低名义工资率的提议。但是，工人们不能够理解所发生的这一切。和其他绝大多数人的想法一样，他们只考虑货币，而不能看透名义工资所象征的实际工资，因而他们确信工资从每周30先令降到每周28先令必然意味着他们的经济状况的恶化。因此，他们就抵制工资的下降，而正是他们的抵制，使得工资率常常不能适当地调整以适应劳动力的需求。换句话说，由于以货币考虑问题的普遍性趋势，本位货币购买力的可变性就成为妨碍工资率弹性的潜在影响因素。第八章中我们将会看到这一可变性也是促进劳动力真实需求趋于波动的影响因素。为了本位货币币值稳定的目标，由此提出了一些建议并对此给出了解释。因此，我们目前不需要在这一问题上继续深究了，我们可以转到另一个妨碍弹性的影响因素。这一影响因素甚至是在一个拥有绝对稳定的本位货币的世界里——如果可以想象得到这样的世界——仍将存在。

这一影响很容易描述。由于雇主和雇员的相互关系的不和谐，所以这会推动雇主和雇员两者都努力争取直接对各自有利的更大的工资刚性。这样，经济萧条时，工会就会反对降低工资率的各种企图，其主要原因在于他们担心工资一旦下降，之后再提高就会很困难。而雇主在经济好转时反对提高工资率的各种企图，其主要原因在于他们担心工资提高后，随后要降低它时就会遇到与雇员在工资下降后要求涨工资时的同样困难。当然，这一影响因素作用程度的大小，主要取决于雇主和雇员彼此间所持有的心理态度。如果这种态度中以敌对和不信任的精神占优，那么适当的工资波动便会很少出现，而且须经过许多磨难才能出现。但是，如果这种态度中有更多的容忍精神，那么就会在很大程度上削弱我们这里所描述的该种影响因素的力量。

这样考虑就把我们的问题引向了一个更深层面。当雇主和雇员的关系相当令人满意的时候，他们和谐的基本精神可以在某种工资调整机制中得到体现。通过这种工资调整机制，能够部分地克服那些不利于弹性的因素的影响。一般来说，这种机制是为促进雇主与雇员之间差异调整的更大机制的重要部分。这一方面的问题我们将在第九章中进行讨论。这里只要看到雇主和雇员经常成立的组织机构就足够了。这些组织机构有时只是满足突发事件的临时需要，但更常见的却是永久性的组织机构。组织机构的委员会由来自于雇主和雇员双方的数量相等的代表们构成，该委员会工作的其中一项就是对产业中现行的一般工资率进行定期修订，在这一过程中可以有仲裁员的帮助，也可以没有仲裁员的帮助。通过这种机构的作用，逐步形成了一系列产业协议，以此尝试调整工资率以适应时常变化的劳动力需求。这种机构现在适用，将来也可能依然适用。这一事实减少了雇主和雇工双方在机会出现时需要做出适当让步的犹豫。因为这种机构能够在机会过去之后为双方提供一些保证，使双方在想撤回之前让步的时候不会遇到强迫性的过分反对。然而，这种机构经常是很烦琐的，因而很难真正发挥作用。原因在于它涉及一个中立的主席的仲裁，这就使得该主席的忠诚和自律必须经受住考验。因为通过仲裁方式可能使一方从另一方的手中得到一份令人痛恨的裁决。结果，除非在相当长的时间间隔内，否则这种机构能使工资调整机制稳妥地发挥作用的状况就会很少见了。因此，机构可能是在两三年内才能制定一个协议，甚至也可能是五年，只有等这一协议的原定时期失效以后，才能由其中的一方临时通知要求重新制定协议。由此可见，如果协议是以裁定书的形式限定了一个单一标准工资率，那么在这种工资率下，每过两三年，工资就会变得有弹性，但是对协议原定时期内所发生的劳动力的需求变动而言，却是绝对刚性的。

为了对这种情况进行部分补救，有时采用这样一种方法：在协议中建立更复杂的按比例增减的工资率，以此来代替固定的单一工资率。这一方法在英国金属制造业的各部门中已经特别常见了。人们对这些协议进行讨论的时候，一个默认的假设是，一旦引入一个比例，该比例就是打算在整个未来的时间内用于产业工资的调整的。有了这种假设，就能很容易地说明，制造方法等方面的显著变化，几乎肯定会使这种比例下制定的工资率最终变得很荒谬，完全不符合当前的经济状况。因此，韦伯夫妇强烈反对按比例增减工资率，他们是这样分析的："没有正当的理由可以证明，工资收入者应该自愿地使自己处于下列的状况之中：生产方法的改进、运输成本的下降、商业组织的进步、企业风险的减少、产业税或其他负担的减轻和利率的下降——所有的这些都倾向于降低物价——应当自动地使工资收入者减少自己的工资。”[①]这种批评在反对永久性使用按比例增减法确定工资的协议时是很有效的，但对于一种特殊的产业协议来说，这种批评就无效了。按比例增减法确定工资应该构想为一种特殊的产业协议，实际上也是如此设计的，这样就可以对其做定期修订。与那些更简单的协议不同的是：尽管该协议在两三年内保持不变，但工资率却不是绝对固定的，而是允许每两三个月按照固定的比例标准发生变化。

按比例增减法的一般原理是这样构想的：在体现按比例增减法确定工资的产业协议的作用时期内，有一个确定的标准工资，当有关的产业生产的产品的价格处在某一水平时，工人的报酬就按照标准工资给予支付。当产品价格偏离这一标准价格水平时，或者当产品价格对标准价格的偏离超过协议中的某一数量时，工资也应偏离标准工资。这时就拟定一个比例来表明工资率跟随产品价格不同数量的变化而相应发生的变化量。这是按比例增减法确定工资的最简单形式。在某些情况下，工资率变动所遵照的指标不仅仅是产品价格，而是该价格减去单位产品生产所使用的原材料的价格。在有些情况下，人们会规定一个最低工资率，无论产品价格如何变化，工资都不得低于这一最低工资率。还有些情况下，人们会同时规定一个最低工资和一个最高工资。实际上，按比例

① 韦伯(Webb)：《论工业民主》(*Industrial Democracy*)，第 577 页。

增减法确定工资的协议的详细结构在不同情况下会有很大的变化，但是所有这些形式的基本思想却是相同的。那就是设计一个指标，无论是产品价格指标，还是更复杂的其他指标，该指标的变化可能或多或少地与有关产业的劳动力需求的变化相一致。如果做到这一点，那么工资的变动就可能直接和这个指标的变化相联系，最终也就能和劳动力需求的变化相联系了。当然，在不同按比例增减法确定工资的协议中，工资变动的程度也就不同。因为工资变动的权衡或是依据规定产品的价格变化，或是依据所选定的其他任何指标的变化。除了其他方面，工资变动程度的大小取决于劳动力需求变动的大小。经验证明，劳动力需求变动是和规定的指标的变化相联系的。下面是关于这种协议的一个描述，它取自贸易委员会 1910 年公布的《关于集体协议的报告》。克利夫兰地区高炉工的工资目前就是根据该协议而规定的，因此，可以用这个协议来表明这类协议的一般性质。这一协议是 1897 年 12 月签订的，有效期到 1900 年 9 月 30 日。从那以后，任何一方都服从三个月前提出通知进行定期修订的规定。协议中规定："每三个月一次，由会计人员(其中一人由铁器制造商选出并给予报酬，另一个人由高炉工人选出并给予报酬)从前三个月内七个指定厂商的账目中对克利夫兰第 3 号生铁的平均净发票价格进行确认。如果每吨的售价是 34 先令，且不超过 34 先令 2.4 便士时，支付的工资就是标准工资率。如果每吨的售价降到 34 先令以下时，那么每吨的价格每下降 2.4 便士，高炉工人的工资就会在标准工资的基础上减少 0.25%。另一方面，如果每吨的售价超过 34 先令时，那么每吨的价格每增加 2.4 便士，工人的工资就会在标准工资的基础上

增加0.25%，但这要除去每吨售价高于40先令而低于42先令的情况。当每吨的售价从40先令上升到41先令10.8便士时，协议中是这样约定的：每吨售价每增长1.2便士，高炉工人的工资就在标准工资的基础上上涨0.25%。当每吨的价格达到42先令以后，工资与价格的对应关系将恢复正常：即每吨售价每增加2.4便士，工人工资就增加0.25%。"①

我们当然不能期望协议中的自动安排能够成功地促成工资率的持续和完全的调整以适应需求的条件变化。人们随即提出的异议表明：需求的指标应该认为是当时现行的产品价格，而不是三个月前的那个产品价格。实际上，这一异议能够以令人满意的方式进行应对。因为产品价格的变动要对从事该产品生产的产业活动产生影响，需要经过一定的时间间隔。然而，还有其他的强烈反对意见。因为最终产品的价格变化，甚至是最终产品价格和生产过程中所使用的最主要的原材料的价格之间的差异的变化，作为对受影响产业中劳动力需求变化的指标，实际上是很不完善的。如果在指标的构建中将所采用的每一种原材料的价格和参与协作的每一种劳动力的价格都能考虑在内，这确实能消除指标构建中的许多不完善来源。但人的生命是短暂的，会计人员的耐心，和可用信息的范围一样，是有限的。毫无疑问，比如在煤矿业等这类产业中，对煤矿工人的需求，主要取决于竖井口的煤炭价格，却很少决定于原材料的价格或与煤矿工人工作相结合所需要的互补性劳动力的价格。在这种情况下，产品价格指标所存在的不完善的作用

① [英王致议会命令第5366条]，第21页。

则必然相对较小。但是，这种不完善性必定处处存在。在复杂的产业中，某一类特殊的劳动力在产品建造中所起的帮助作用很小，这时，不完善性的重要作用就可能是主导性的。这一点必须得到承认，而且应该强烈要求给予承认。但另一方面，我们同样应该承认：按比例增减法确定工资，不论它在应用期间能否完善地调整工资以适应劳动力需求的变动，也不论其自动调整公式中未能考虑到的劳动力需求的影响因素有多少和多么重要，然而，如果在其构建中能加入一定程度的智慧，那么在实践中，与那些制定固定标准工资率和应用时限相同的产业协议相比，它肯定会使工资的调整更加充分以适应劳动力需求的变化①。

我们虽然不应该忽略这个结论，但一般按比例增减法确定工资中所公认的不完善性却让我们明白，某种缺少技巧性的协议在确定工资率每两个月或每个季度的变化时既没有完全根据价格指标的变化，也没有考虑其他的相关指标，如果这种协议在实践中可行，那么它就可能具有某些重要优势。相应地，弹性协议，例如某些重要的煤矿区曾在某一个时期内流行的一种协议，不管其他结果如何，将可能带来工资率对劳动力需求变化的弹性的增加。1902 年的苏格兰协议中与此相关的部分保持不变直到 1907 年，该部分是这样规定的："确定矿工目前的最低工资和最高工资应考虑井口区煤炭的当前平均净变现值，并结合煤矿行业的现状和前景。在当前的一般情况下，合理的办法是：当每吨煤的价值每上升

① 关于按比例增减法的详细讨论，参看庇古：《产业和平的原理与方法》，第二部分第三章。

或下降4.5便士时，矿工工资在1888年的基础上相应地提高或降低6.25%。”[①]同样，联邦地区1906年生效的协议，其主要内容现在仍然适用。协议中规定：“煤炭的销售价格的改变不是委员会确定工资时所考虑的唯一因素，它只是其中的一个因素。煤炭的销售价格虽然发生了变化，但任何一方都有权利提出理由不改变工资率。”[②]当双方都能本着和谐的精神遵守该协议时，这类协议与按比例增减法确定工资的协议相比，就会带给他们一个更富有弹性的工资率。而与固定工资制的协议相比，其结果就更不必说了。但是，弹性协议下，工资调整要求合理论证而不是自动行动，仅仅是这一事实就能表明，它们的成功引入只可能是在雇主和雇员之间的现行关系特别友好的情况下才能证明在产业中可行。

还有一个需要进一步考虑的相关问题。由以上分析，我们能够附带地看到：不论是在纯粹的自动比例的作用下，还是在经过双方心平气和地讨论而生效的比例的作用下，工资率的连续变化之间至少都需要间隔两三个月。在某种程度上，这一事实是由于在以更大的频率来确定工资全部或部分的变动所依据的那些价格事实的时候，会涉及费用增加和机制设计等方面的困难。但是，我们有理由认为，还有一些更深远的影响因素在起作用。如果工资率不断地变化，就会强加给雇主和雇员许多的不便和不确定性，因为雇主要保证以协议价格交货，而雇员们只要继续就业，就想要维持一个恒定不变的生活标准。为了除去这些不利条件，雇主和雇员

① [英王致议会命令第5366条]，第32页。

② [英王致议会命令第5366条]，第27页。

都会更喜欢一个稍微有点刚性的工资制度,而不会喜欢一个随劳动力需求变化而相应波动的工资制度。这种程度的刚性,尽管是少量失业存在的不可避免的原因,但就整体来说,它可能是对社会有利的,因此它被消除的可能性很小。虽然雇主和雇员的关系可以通过各种方式变得更令人满意,他们的组织可以变得更有效,工资率的弹性因此也可能增加,但实践中可以肯定的是:工资的完全弹性以及与此有关的完全废除失业的情况,是永远不会实现的。

第七章　波动的原因

在前一章中，我们已经明确，当一国劳动力需求的波动程度既定时，在其他条件不变的情况下，平均失业量的大小取决于该国工资率弹性的大小。现在假定工资率的弹性既定，我们研究一下劳动力需求波动程度大小的变动所产生的影响。

为研究此影响，一个必要前提是要选择某一标准对“波动”这一难以理解的概念进行界定。事实上，我们可以采用各种不同的标准对其进行界定，但没有一个标准可称得上是绝对意义上的最优标准。因为不同标准具有不同用途，这一标准更适于这种用途，另一标准则更适合于另一种用途，到底选择哪一标准是由其用途决定的。在我们现在的讨论中，一方面为了简单，另一方面为了某些不必解释的原因，我认为“波动”的衡量标准应坚持以下界定：对单个中心而言，劳动力需求波动的大小是由整个经济周期的劳动力的平均需求量(在相同的正常工资率水平下)与经济繁荣或经济萧条时期的劳动力的平均需求量的差来衡量的。因此，如果整个经济周期某一中心的劳动力的平均需求量为10,000人，经济繁荣时期该中心的劳动力的平均需求量为11,000人，经济萧条时期为9,000人，那么该中心的劳动力需求的波动大小则为1,000人。这种衡量方法在一定意义上可以理解单个中心的劳动力需求的波动。如果我们扩展了“波动”的涉及范围，不再将这一方法应用到某一独立中心的劳动力需求波动的衡量，而是将其应用到包含许多不同中心的国家的劳动力需求波动的衡量时，那么整个国家劳动力需求波动的大小则是由其所包含的若干单个中心的劳动力需求波动的大小的加总。例如，如果某国包括 1,000 个中心，每个中心的劳动力需求的波动大小为 1,000 人，那么，该国整体上的劳动力需求的波动大小则为 1,000×1,000 人①。

这样确定了“波动”的定义后，接下来我们可以继续探究劳动力需求不同程度的波动大小的变化对平均失业量所产生的影响。第十章中将会提到，既定的劳动力需求波动大小对平均失业量所产生的“量”的影响，在很大程度上受到与劳动力流动相联系的诸多情况的影响而趋于改变。但是，我们没有理由认为既定的劳动力需求波动大小对平均失业量所产生的“质”的影响，也受这些情况的影响而发生改变。实际上，我们必须承认，如果所有中心总体上的总需求绝对不变，那么，劳动力的完全流动性的存在将使任何程度的劳动力需求波动所造成的失业量降为零。但这只是一种极端情况，并没有重要的实际意义。除了这种极端情况，如果在劳动力流动的任一条件下，劳动力需求的波动显示成为失业的一个原

① 如果在一个连续的时期内，某一产业在平均工资率下的劳动力的需求量为：$(A+a_1)$，$(A-a_2)$，……，$(A+a_n)$，A 为平均值；而另一产业的劳动力的需求量为：$(B+b_1)$，$(B-b_2)$，……，$(B+b_n)$，B 为平均值；第三个产业的劳动力的需求量为：$(C+c_1)$，$(C-c_2)$，……，$(C+c_n)$，C 为平均值；那么根据文中的界定，这三个产业的劳动力需求量的总的波动性的衡量公式应为：$\frac{a_1+a_2+\cdots+a_n}{n}+\frac{b_1+b_2+\cdots+b_n}{n}+\frac{c_1+c_2+\cdots+c_n}{n}$。

因，那么，我们就可以确切地得出结论，在劳动力流动的其他条件下，劳动力需求的波动也是造成失业的一个原因。因此，我们只需研究没有劳动力流动的这一种最简单的情况就足够了。这样，我们假设对于劳动力需求的暂时性变动而言，各个不同的就业中心相互之间是绝对隔离的，因此当这些中心的相对财富发生变化时，附属于某一就业中心的工人不会在该中心与其他就业中心之间进行流动。但是，既然在这里我们并不关心工资率的人为提高，所以我们同时假定各个就业中心之间从长期的视角来看是相互联系的。也就是说，我们假定每一个就业中心为年轻人提供的职业选择前景实质上是相似的，在这种方式下，依附于每一个就业中心的劳动力的需求数量就取决于自由竞争了。做了这些假设之后，我们可以很容易看出，给定工作的难度，劳动力需求波动程度较大的中心的平均工资率要比劳动力需求波动程度较小的中心的平均工资率稍高一些，这是因为劳动力需求波动程度较大的中心必须为较大的就业不确定性给予某些额外补偿。我们还可以看出，依附于每一个就业中心的工人数量大体上处于某一工资率下，该中心经济繁荣时期的就业人数和经济萧条时期的就业人数之间。如果先前的表述不够清楚，我们可以通过例证来清楚地阐述该命题。假定工资率已定，某一中心经济繁荣时期对工人的劳务需求是1,500人，经济萧条时期对工人的劳务需求是1,000人。很显然，雇主制定一个高工资率以足够吸纳1,500人到其中心就业是不值得的，因为在相当长的时期内，雇主将不能为这些人员中的几百人提供工作岗位。但是他制定一个低工资率仅吸纳1,000人到其中心就业也是不值得的，因为在这种情况下，他自身将会在相当长的时期内不能获得充足的可以利用的劳务服务。因此,他会折中取一个中间工资率使其中心吸纳到的就业工人数量处于一个中间水平,如1,200人。这一数量由经济繁荣时期的劳动力不足所产生的损失与经济萧条时期的不必要的高工资所产生的损失的大致平衡所决定。因为整个经济周期中的这种劳动力不足的压力通常可以通过加班来进行部分缓解,所以,我们可以假设每个中心吸纳劳动力的数量处在低于该中心劳动力需求最大量和劳动力需求最小量之间的一半的数量水平上。那么,作为一个大约估计,我们可以说依附于任一中心的劳动力数量将几乎等于该中心在平均工资率下的整个经济周期中的劳动力平均需求量。理解了这些内容,我们就可以很容易地看到,在贯穿本章所给出的平均工资率不会被人为提高的假设下,任何中心在经济繁荣时期和经济正常时期都不会存在失业;但在经济萧条时期,该中心就会存在失业,失业量等于整个经济周期中的劳动力平均需求量与经济萧条时期的劳动力需求量之差。由于经济繁荣时期的劳动力需求高于整个经济周期中的劳动力平均需求量的部分和经济萧条时期的劳动力需求低于整个经济周期中的劳动力平均需求量的部分,在总体上必须是平衡的,所以每一中心在大约半个经济周期内可能存有的失业量等于该中心在整个经济周期的劳动力平均需求量与经济萧条时期的劳动力平均需求量的差额(由于加班的影响而对劳动力需求进行的某些轻微修正除外)。在这些情况下,有数学思维的读者可以看出,所有劳动力需求中心在两个不同时期内的整体上的失业总量大约等于各个中心在整个经济周期中的劳动力平均需求量与经济萧条时期的劳动力平均需求量的差额的总和的一半。这一数量

大约等于该国整体上劳动力需求波动大小的一半，而该国整体上劳动力需求波动的大小在上一段的结尾处我们已经给出了界定。尽管上述的三四句话看起来有些令人难以理解，但我们仍然可以清晰地得出结论：在其他条件不变的情况下，一国的劳动力需求波动程度越大，那么该国的平均失业量就可能越大。

本章的主要目的是区分和讨论决定劳动力需求波动程度大小的某些主要原因。但是，在进行该项任务之前，注意一种重要的随之而来的情况对我们的研究来说是非常方便的。因为无论何种原因引起的对劳动力需求波动的影响，都要在很大程度上依靠这种重要情况。这一重要的随之而来的情况就是为库存而生产的习惯。很显而易见的是，某地或某职业对劳动力需求的变动经常是雇主对劳动力生产的产品需求变动的结果。反过来，这些变动又经常是他预期其他人对该产品的需求发生变动的结果。因此，当公众购买力小的时候，雇主能够而且愿意采用为库存而生产产品的方式以便在公众购买力大的时候进行销售，这样，他们的劳动力需求变动就会被限制在更加狭小的界限内，否则他们的劳动力需求变动就可能比较大。总之，为库存而生产的这一情况的目的在于减轻所有那些趋于提高劳动力需求波动性的各种原因的作用效应。因此，理清决定雇主对这种生产习惯的态度的不同影响因素是非常值得做的。

就某些种类的商品而言，为库存而生产在实践中是不可行的。首先是那些所有的直接服务，如医生、音乐家、电车司机和汽车司机等给予的直接服务，因为这些服务本质上是不能够贮存。其次是某些种类的商品，实际上能够贮存，但只是因为其贮存成本高昂，所以它们也不能够进行库存。如天然气、电、那些虽然没有价值却占用很大空间的商品和那些尤其容易破损的商品等。再次是那些款式不断变化、新样式不断引入的商品，尽管它们本身的物质形态易于保存，但就其价值而言是绝对不具有保值性的。最后是那些非标准化的商品，如球服等，它们是为个人购买者而特别制作的。与这些不同种类的商品相对照，大量的主要标准化物品存在以下特点：它们不易腐烂变质，不易破损，对其大量进行库存的成本也不昂贵，也不容易受到样式多变的影响。这些物品在经济萧条时期进行库存生产，一方面没有风险，另一方面对企业主还常常有很大的益处。如果它们的生产过程是这样一种类型：临时停止生产会使重新开工陷入耗费沉重的困境，如鼓风炉，这时深入坚持库存生产习惯则是有利可图的。这样，是否适合库存生产习惯的商品种类就能够大体上区分开来。但是，这一区分标准并不是一成不变的，我们应该细心观察。现代工业发展使过去不易于存储的商品逐渐变得易于存储。比如，冷藏法和其他保鲜法的产生使过去大量易腐变质的食品能够长期保存。50 年前，一季收获的啤酒花不能保存到下一季，然而冷藏法的出现延长了其保质期，这样丰年的高产量就可以弥补歉收年的产量不足。同样，由于机械的改良，以前进行个人定做而不宜存储的非标准化商品越来越简化为标准化商品。例如制靴业经历了从手工制作到机械作业的转变，经历了从早期大部分靴子是定制品到后期几乎所有的靴子都是制成品的转变。这些对商品种类的一般性考虑是很重要的。因为，很明显的是，无论决定一国劳动力需求波动的最终原因是什么，如果该国产业中致力于能为库存生产提供空间的那些种类商

品的产业部门的比例越大,那么该国劳动力需求波动就越小。经过这样的初步讨论,我们可以继续探讨决定劳动力需求波动的某些重要的基本原因。

在这些重要的基本原因中,我们首先关注两组所谓的随机原因或零星原因。它们毫无规律、毫无联系地爆发,有时发生在产业领域的这一部分企业,有时发生在产业领域的另一部分企业。这两组原因中的一组分别作用于若干不同的企业,在这组原因的影响下,我们可以完成对任一特殊种类工作的分析。每一个中心的劳动力需求受特殊企业经营管理技术变化和依附于各中心的特殊客户订单的纯偶然性变动的影响。这组原因完全独立地作用于不同的就业中心。我们不能假设这组原因会导致各中心劳动力需求都发生相同的变化,但我们可以假设,若考虑的区域足够广泛,这组原因对各中心劳动力需求变动的作用大致会相互抵消。所以,这组原因导致某些地方出现异常低的劳动力需求,任何时候都可能被其他地方大致相等的异常高的劳动力需求所抵消。另一组随机原因由那些被称为产业转型带来的基本变化构成,它们包括人们品味的变化、机械加工过程的知识变化和生产特殊产品可获得的原材料的变化等。这组原因影响着不同产业的劳动力总需求,而不像前一组随机原因那样只影响同一产业内的不同企业的劳动力需求。但是,这组原因同样也会独立作用于产业内部的不同企业的劳动力需求。因此,在任何时候,这组原因所导致的一些产业劳动力需求的减少,可通过其他产业的劳动需求的大致相等的扩张来使之趋于平衡。

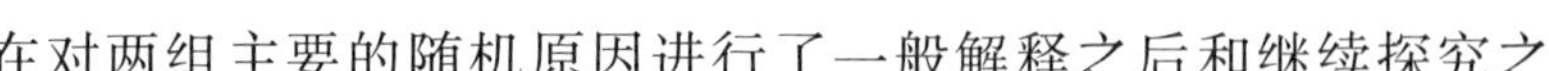

在对两组主要的随机原因进行了一般解释之后和继续探究之

前，补充一句提醒可能会好一些。第二组随机原因，也就是带来产业转型的那些原因，被普遍认为是失业的最主要原因。它们确实是某些失业情况的原因，这尤其会使人们加深对它们的想象。当新机器的发明会使一个优秀工人的来之不易的才能变得无用的时候，随着这种进步的向前行进，其所带来的有害事件是显而易见和众所周知的。但毫无疑问，产业转型所引起的特殊工种劳动力需求的变动仅是构成劳动力需求所发生的总变动（以我们现在的观点来看，或者是那些劳动力需求发生的重要变动）中的相对无关紧要的一部分。产业转型很少以暴力和毁灭性的方式发生。由于新机器的发明或其他原因，新行业兴起之前是旧行业的衰退，这种衰退通常是渐进式的。劳动力的需求慢慢减少，而且该行业每年也会发生少量的收缩。因此，如果将产业转型引起劳动力需求变化的重要性与其他方式引起劳动力需求变化的重要性相比，产业转型每年带来的劳动力需求变化只能认为是劳动力需求总变化中的很小一部分。当然，这并不是全部。从我们现在探究的角度来看，尽管给定相同的劳动力需求变化量，但渐进变化与快速变化的大小并不相等，因为劳动力需求的变化不仅受失业的影响，而且也受新生代劳动力流入行业的方向变化的影响。A. L. 鲍利（A. L. Bowley）教授的某些调查统计资料清楚地表明了这一点的重要性。回顾 1904 年他在前三次调查统计中所印刷的职业数字，他写道："大量的数据表明，任何人不必改变其所从事的职业，而仅仅是新进劳动力供给的变化就已经完成了劳动力需求的主要变化。如果国家养育的一定比例的青年进入铁路交通业和煤矿业，或者成为公共汽车司机、马夫和园丁，如果约克郡和兰开夏郡的青年进入

自行车制造业、机器制造业、造船业或成为城市职员，而他们的父亲却从事着毛纺或棉纺业，那么各行业劳动力需求量的变化如调查统计显示的一样，是成组变动的。这些变化很可能已经发生。重要数据显示，农业是劳动力实际需求量减少的唯一行业，这其中的原因用年老劳动力退出农业而无人来填补这些位置来进行解释就足够了。”[①]引用这一段文章的目的并不是说产业转型所涉及的劳动力需求的零星变化不重要，它们确有重要性，但是与其他两组原因相联系的劳动力需求的某些有规律变化相比，它们的重要性相对小。我们现在就转向其他两组原因的讨论。

这两组原因的基本特征与其说是它们表现出来的周期性，不如说是它们不像刚讨论过的随机原因那样独立地作用于不同中心的劳动力需求。这两组原因很容易划分。第一组原因包括那些伴随季节交替而产生的气候条件的变化。很显然，气候条件变化本质上不是分别作用于不同的地方和不同的行业，而是同时作用于地球上同一区域内的所有地方和所有行业。因此，其影响范围并不是随机分布的。当气候发生一定方式的变化的时候，各地都会有一定的反应。对于一国从事给定行业的不同地方而言，气候变化会缩小（或扩大）某一中心的劳动力需求，显然也可能会同时引起其他所有中心的劳动力需求的缩小（或扩大）。对于不同的行业而言，每种气候变化缩小了某些行业对劳动力的需求，显然同样也可能会同时扩大其他行业对劳动力的需求。因此，冬季的到来是

① 鲍利(Bowley)：《国家在财富和贸易上的进步》(*National Progress in Wealth and Trade*)，第1—2页。

全国各地从事社区供暖和照明行业的劳动力需求扩大的原因。而且它同时也是露天作业行业劳动力需求缩小的原因，比如霜冻和潮湿天气就容易阻碍建筑行业的工作。夏季的到来明显会对上述两类行业产生恰恰相反的影响。此外，季节变化能通过对公众休闲娱乐的影响而间接地作用于其他行业，如制衣业、旅馆餐饮服务业等就是受这种方式影响的。总之，和我们普遍考虑的预期一样，气候条件变化事实上会影响劳动力需求，冬季的寒冷天气是劳动力需求缩小的主要原因，其导致的劳动力需求减少的地区范围比其导致的劳动力需求增加的地区范围要更广，而夏季的温暖天气是劳动力需求扩大的主要原因。

这两组规律性原因的第二组，参考以上表述，可简单地描述为工资总基金的周期性运动。这组原因像季节性变化一样，是影响劳动力需求的常见原因，它可以通过一定的方式同时作用于一个广泛的地区。但是，工资总基金的周期性运动与季节性变化的不同体现在以下三个方面：第一，从它们作用效应的时间追踪状况来看，工资总基金变化的周期更长，而且其变化有些缺少规律性。它完成作用的时间间隔不是 1 年，而是在 7—11 年变动；第二，从它们的作用范围来看，工资总基金变化比季节性变化的作用范围更广，几乎所有行业都在其影响范围内；第三，从它们的作用方式来看，季节性变化在扩大某些行业的劳动力需求的同时缩小了其他行业的劳动力需求，而工资总基金变化似乎总是对所有行业产生同方向的影响。总之，工资总基金变化是各行业劳动力需求普遍增加和普遍减少的原因。但这绝对没有详尽无遗地说明其性质。它们还有一个更重要的明显特点。尽管前面我们刚进行的解释是，这组原因会对所有行业产生同向的影响，但它们对这些行业产生的影响程度是不尽相同的。相反，它们给从事工具产品制造行业（即机器和其他辅助进一步加工生产所需的器械）的劳动力的需求带来的变化远大于给其他行业的劳动力的需求带来的变化。产生这一情形的原因有两方面：第一，工资总基金的周期性运动意味着投资的变化，它自然会作用于那些主要通过投资的物化而生产的产品。这些产品主要包括厂房、船舶、机器、不同生产阶段的钢铁制成品、铁路车辆等工具产品；第二，这类产品在使用过程中通常比用于直接消费的物品，如食品、服装和不同形式的个人服务等，损耗得慢。因此，一般来说，这类产品任何时候的库存相对于其每年的产出会大得多。这种情况会带来一个重要的结果。当经济繁荣和经济萧条的两个时期内对小麦的需求增加或减少10%，则对新小麦的生产需求就会有大约相似比例的增加或减少。但是，当两个时期内对船舶、机器或机车等的需求增加或减少10%时，则对新船舶、新机器或新机车的生产需求的增加或减少比例必然大于10%。这种更大的变化一部分仅仅是因为存在着库存，另一部分是因为经济繁荣时期为应对随后而来的经济萧条而扩大初始供给造成的库存增加，这必然会减少对新生产产品的需求。很显然，对新生产产品的需求与对劳动力的需求是相互联系的。这样，我们已经解释了工资总基金周期性运动以特殊力量作用于从事工具产品制造业的劳动力需求的趋势。当然，如果国家大量的资源用于生产这类产品，那么该国的劳动力需求波动就可能特别明显。因此，一个国家如果集中力量生产工具行业的产品，那么就会造成相对沉重的失业负担。

第八章　周期性运动

在前一章的后半部分，我们讨论了影响劳动力需求波动的一组原因。我们将这组原因一致称为工资总基金的周期性运动。现在，我们已经注意到这些周期性运动本身可能就是这组影响原因所产生的结果，如果不能揭示这组影响原因的性质，我们对它们的解释必然是不完整的。这样，我们就提出了一个容易受到抨击的新问题，这一问题既难又重要。其困难性在于这一问题的正确解答，专家们对此存在着严重的分歧，这一事实足以证明其困难性。其重要性非常明显，因为弄清楚这些周期性运动的原因是减缓该种运动的必要前提，而且能成功地减缓周期性运动也就是能成功地减少平均失业量。因此，本章的目的就是对这一问题进行讨论。

第一个必须要问的问题是，为什么会发生这些周期性运动。答案似乎可以这样解释：在任何时间，一个社会准备用于购买劳动力（给定工资水平）以生产未来产品的资源量大致等于其准备用于投资的资源量。这取决于两个因素：社会可利用的实际收入和那些控制实际收入的人对投资及其他用途的选择，从目前的观点来看，最重要的用途就是在仓库和商店存储商品以等待未来的消费。总体而言，一国实际收入的增加可能会造成工资总基金的增加，商人们对投资前景所持有的乐观主义思想的趋势增加也会带来工资总基金的增加。从另一方面来说，实际收入的减少或者商人们的思想向悲观主义方向的变动可能会造成工资总基金的减少。现在，实际收入的变动很自然地来自于大自然恩赐的变动，商业信心的变化来自于商人们思想倾向的变化。乍一看，这两种变化似乎是相互独立的，它们可能是分别由不同原因造成的。然而事实上，它们经常是联系在一起的。大自然恩赐的变化引起了商人们思想倾向的变化。皮亚特・安德鲁(Piatt Andrews)仔细研究了美国农作物对商业的影响并总结道："回顾过去的40年，人们能够观察到，商业的周期性运动经常明显地比实际经济危机的爆发早几年，每次向商业繁荣变动的开始和向商业萧条变动的转折点都与农作物的产量密切相关。"[①]而且，皮亚特・安德鲁教授和他之前的杰文斯(Jevons)已经证明了这种联系。根据一般推理，我们也会预期到这种联系。因为，人们所形成的判断受其感觉的影响会发生偏离，这毕竟是我们相当熟悉的一个经验。当人们一切都顺利的时候，就倾向于只看到疑惑问题的阳光一面。因此，好的收成能直接和间接地增加商业界的财富，就可能对人们的乐观主义思想形成一个激励。这样，演绎和归纳在一定程度上相互验证。通过大量的案例，我们就可以合理地推断出，商业信心的高涨来源于农作物的好收成。如果确是这样，工资总基金就同时受上述两个不同的扩张原因的影响，即实际收入的增加和人们将收入用于投资而非储蓄的意愿的增强，在大自然恩赐特别丰富的年份里，这两个原

① 皮亚特・安德鲁：《经济学季刊》(*Quarterly Journal of Economics*)，1906年，第351页。

因共同发挥作用。这里有一个很好的实例，该实例的观点是，由于太阳能的变化，大自然恩赐特别丰富的年份是每隔 7—11 年才会重复出现的。如果这个观点正确，那么，杰文斯认为我们可以从太阳黑子的运动中找到周期性运动的最终原因。与最近一些批评家所愿意相信的那些说法相比，这一说法所包含的真理成分会更多一些。

当确定了工资总基金周期性运动的起因时，或者当这些原因尽管还没有令人满意地被确定而故此遭受质疑的时候，我们还有一个具有重要实际意义的问题。这些周期性运动的程度越大，一国劳动力需求的波动大小和平均失业量就会明显地变大。因此，我们必须要问的是周期性运动程度大小是由什么影响因素决定的，如果这个问题太大而不易处理，社会改革家可能要对此进行修改，那么，这一问题可改成，决定周期性运动程度大小的部分影响因素是什么。这些影响因素可以被分成重要的两组，即商界组织和现代货币体系组织。这两大组织的制度安排对工资总基金上下波动的程度有着非常重要的影响。因此，为了本书的研究目的，我们有必要对它们进行某些尝试性的分析。

现代商业实体组织的最显著特点就是其各个不同部分之间存在着的紧密的相互依赖性。这种相互依赖在某种程度上纯粹是一种心理作用的结果(乐观主义和悲观主义有一种奇怪的能力，能在因密切的物质接触而集聚在一起的人群中进行自我传播，商人们之间就经常会有这样的密切的物质接触)，但它主要是通过原料票据以信贷的形式来传递某种信息。实际上，现代商业整体都在进行着资源的借贷。“借贷关系不仅存在于商人和休眠的资本家之间，而且也存在于不同的商人之间。事实上，大多数厂商既是借方又是贷方。他们通过赊购原材料而成为借方，通过赊销他们工人的劳动果实而成为贷方。这样，我们假设有形式为A、B、C、D的一个厂商系列，这四个厂商中的每一个既是其上一个厂商的贷方，又是其下一个厂商的借方。”[①]原材料生产商从银行借款成为借方，赊销原材料给最终产品生产商成为贷方；最终产品生产商是原材料生产商的借方，是批发商的贷方；批发商是最终产品生产商的借方，是零售商的贷方；零售方是批发商的借方和赊销顾客的贷方。商业界不同部分间的这种紧密的相互依赖性会出现这样的结果：总体上，一个投资者抱有的希望不会取消另一个投资者的绝望，但商业界整体却有时通过信心或有时通过恐惧而联系为一体。这意味着个体自身发生的行动有可能变大。然而，这并不是全部结果。还有一个更重要的结果是，相对少量的公司的轻率交易可能预示着普遍性的灾难，因此会突然驱使商业界的主体部分从乐观主义的顶端跌入怀疑和过分谨慎的深渊。因此，毫无疑问，如果当前商人间的信贷交易体系在一定程度上能被现金交易所取代，或者准许信贷的平均时间长度能被缩减，工资总基金上下波动的范围就会缩小。

然而，在这种联系中，另一个重要问题需要我们思考。给定不同商业公司之间的相互依赖关系以及他们处理事务的谨慎和轻率的程度，从乐观主义到悲观主义的运动结果不单单是由这些事情来决定的。它们的运动范围在很大程度上也受银行政策和实践的

① 庇古：《福利经济学》，第401页。

影响。因为银行机构的权力要么促使轻率的投机者沿着灾难之路最终走向崩溃，从而给其他人带来更严重的结果，要么就在早期阶段阻止它们。当灾难来临时，银行机构的权力可从整个残骸中挽救某些实际上具有偿还能力的公司，这些公司如果不接受临时援助，它们的资源就会像在暴风雨中沉没那样被锁住。对这些事实的认识使巴杰特（Bagehot）向英格兰银行写出了他的著名建议："结局是要中止恐慌，如果可能，就应该在前进的过程中中止恐慌。有两种规定可以达到这一目的：第一，这些贷款只应该在一个非常高的利率上被贷出；第二，在这一利率下，应该给所有优秀的银行证券提供预付款以尽量满足公众的要求。"[①]在这篇知名的文章中，巴杰特的这一政策建议现在已成为英国银行业实践中的一项公认政策，它的采用可能间接地为工资总基金的运动范围设置了一个重要限制。

我们还需要考虑现代世界通用的货币体系对这些运动范围所施加的影响。按照目前的情况，世界各地的交易都是依照购买力标准进行的，购买力标准的价值与商品总量有关，它容易随着人们对其需求的变化而发生变动。当商人们增加贷款时，他们对货币要求的形式是，在合同中通过确定的货币数量支付利息，并最终偿还本金。但是，在产业活动时，由于投资是以从银行借入货币的形式来进行的，借入的货币花费在购买原材料和雇佣劳动力上，所以一般物品的价格水平倾向于高于其正常水平，或者换句话说，一英镑的真实价值倾向于小于其本身的价值。然而，一般来说，对于价

---

① 巴杰特：《伦巴第街》（*Lombard Street*），第 189 页。

格的上升，贷款合同的条款中既没有完全预测到，也没有充分考虑到。因此，似乎是命运的恶作剧，在经济繁荣时期，商人们赋予了一种超额繁荣，这是以休眠的资本家为代价的。因为商人们偿还贷款的实际利息自动地减少了。但这并不是他们获得的唯一好处。如果在这些情况下，他们希望进一步增加贷款，因为他们或许有能力比一般的贷款人更好地预见到价格的持续上涨，所以如果他们理解了这种形势和他们的客户状况，他们会认为获得新贷款的利率更低于这些贷款人愿意接受的利率。因此，就同样的新旧贷款而言，商人们在产业活动时获得了以他们债权人的利益为代价的一种特殊收益，这会导致他们扩大投资，于是就会导致工资总基金比在其他情况下增加得更多。通过同样的论证，我们可以很容易看出，在产业萧条时，商人们为其债权人或多或少的利益增加而遭受了一种特殊损失，这导致他们缩减投资，于是就会导致工资总基金比在其他情况下缩减得更多。一般物价水平变动的可能性，或者换句话说，购买力标准的不稳定性是倾向于扩大工资总基金波动范围的一个原因。因此，引进能抵消这一原因的制度安排在某种程度上能够减少劳动力需求的波动，随之减少平均失业量。

以这个为目的，许多经济学家不时地主张废弃现在主要工业国家所实行的金本位，用以两种或多种金属为基础的货币来代替以黄金这一种金属为基础的货币。可以表明，如果世界主要国家通过国际协议来采用这种货币，那么，面对产业波动时，该货币可能会使一般物价水平的变动在某种程度上比它们现在的变动更小。但是，一般认为，人们期望来自货币这种形式的变化所带来的改善无论如何都只能是很小的。一部分由于这一原因，另一部分由于复本位制和类似的制度安排所暴露出的实际操作的困难和一些不可避免的误解，它们所代表的运动，在 20 年前具有相当大的重要性，现在已经逐渐消失了。因此，用这些方法来解决一般物价的变动问题在这里就不需要再研究了，我们应该将注意力集中到另外两种方法上，这两种方法最近引起了人们的普遍关注。

这两种方法中的第一种最初由杰文斯提出，它是由物价指数计算标准表的制定构成的，根据这个物价指数计算标准表，允许和鼓励商人们以未来的货币支付来签订合同。在这一计划下，货币的实际价值会和当前的货币价值保持完全一致。但是，这需要一个政府部门逐月公布一个指数值来表示与其他时期的一金镑价值相比，这一金镑在这一时期的价值是多少（以一般物品为换算单位，如肉、棉花、小麦、钢铁等）。例如，假设 1900 年一金镑的价值用 100 来表示，那么，如果 1910 年一般物品的价格上升了 10 个百分点，那么一金镑在 1910 年的价值大约可以用 90 来表示。按照目前的情况，1900 年的一笔 1,000 英镑的贷款的利率为 4%，只要该贷款持续下去，每年就必须支付 40 个金镑的利息。因此，1910 年债权人会收到 40 个金镑。但是这 40 个金镑，由于物价的上涨，其所能购买的实际消费品只是 1900 年该 40 个金镑所能购买的实际消费品的十分之九。因此，尽管以货币形式表示的利率为 4%，但以物品形式表示的利率（实际利率，是唯一的重要利率）却下降到了 4%的十分之九。但是，如果该贷款是根据物价指数计算标准表来签订的合同，那么，每年考虑支付的利息就不是 40 个金镑，而是一定数量的金镑，该金镑的数量足以在每年都能购买到与 1900 年的 40 个金镑所能购买到的物品的数量。因此，1910 年以

货币形式支付的利息不是40个金镑，而是40个金镑的十分之九。很显然，在这种制度安排下，一般物品价格的可变性使商人们不会在经济繁荣时期获得以他们债权人的利益为代价的收益，也不会在经济萧条时期为了他们债权人的利益而受损。因此，工资总基金的运动范围扩大的原因就会失去作用力。但是，依然明显的是，假定以官方定期发布的指数值作为合同的基础，由于这必定会影响商业界一部分的交易活动步骤，因此官方定期发布的指数值是不容易产生的。即使在那些商人们的远期合同都是同一方向的情况下（所有合同都是支付利息的，或者所有合同都是接受利息的），惯性和惯例会促使他们强烈地拒绝这一新事物。在那些人同时既是借方又是贷方的情况下，这就会有更多的困难。因为合同方面采用物价指数计算标准表的方法来进行支付会涉及一个真正的风险，除非合同方面在接受该支付时也采用物价指数计算标准表的方法。因此，即使A和B都渴望根据物价指数计算标准一起签订合同，他们也可能被阻止这样做，因为他们中的一方涉及与C签订一种相反类型的合同，而C与“最新流行的物价指数概念”无关。由于这些原因，这种可供人们选择的物价指数计算标准表的方法，是不可能拥有快速或广泛的成功应用的前途的。

这样，我们继续讨论上面提及的两种方法的第二种。已发展的这种方法比刚才讨论的第一种方法在性质上激进得多，目前受到了耶鲁大学的欧文·费雪（Irving Fisher）教授的热情倡导。可选择的物价指数计算标准表的方法的成功应用需要商人们的积极合作，然而这种方法完全不需要他们的合作，也不需要他们的任何理解。这一建议的主要内容大致如下：同前面的物价指数计算标准表的方法一样，这种方法需要一个政府部门逐月公布一个指数值，该指数值这次表示的是一盎司黄金购买力的变化。这样，本位货币（在英国是金镑）的黄金含量以一种明智的形式换算成了一种事实上的“代用货币”。也就是说，对于归入造币厂的黄金，造币厂不必再以铸币形式将其全部归还，而只需归还其中的一部分。在这些情况下，给定重量的金币总是比相同重量的没有铸成硬币的黄金更有价值。但是，在费雪的计划中，既定数量的金币与既定数量的黄金的交换不是一个固定量，而是根据一般物价的指数值所显示的上升或者下降的趋势而增加或者减少的。当一般物价开始下降的时候，造币厂会以低于市场的价格卖出金币以获得黄金。因此更多的黄金会进入银行储备金（这可以为进一步的信贷提供基础），也会进入流通领域。于是交易工具的数量增加了，但它们所要求的交易数量是不变的，其形成的影响就是价格上涨。以这种方式，开始产生的价格下降的威胁就被阻止了。同样，当一般物价开始上升的时候，造币厂会以高于市场的价格用黄金买入金币，货币供给收缩，开始产生的价格上升的威胁就被阻止了。总之，用费雪教授的话说，造币厂为了这一目的，无论政府当局可能选择何种机构，都会用黄金来买卖货币，以这样一种方式来维持“货币的面值标准，该标准不是与固定重量的黄金相联系，而是与具有固定购买力的一定重量的黄金相联系”。[1] 如果这一计划能够被实施，一般物价的可变性会大大降低。实际上，单个国家采用这种方法会给从事对外贸易的商人带来一些困难，因为除了这些特殊的制

① 欧文·费雪：《货币的购买力》（*The Purchasing Power of Money*），第 342 页。

度安排之外，他们可能会发现，基于这一标准他们是借方，基于另一种标准他们是贷方。但是，这不是一个非常重要的困难。因为，生活在金本位国家并与银本位国家进行贸易的人们毕竟已经处在这种情况下了。如果这一计划能够被主要的商业国家通过国际协议的方式来共同采用，这一困难就会消失。这样一种制度安排通过将社会资源锁定在铸币或者未铸币的黄金储备上，与当前货币体系所涉及的黄金储备相比，可能使社会所必需的花费更大。尽管这样一种制度安排在限制工资总基金波动范围上和间接减少平均失业量上具有一定的间接利益，但是我们不可能严格证明，其间接利益会超过这一制度安排的额外花费。可是，这样一种制度安排似乎可能产生一些净利益，可以肯定的是，它会在某种程度上减少平均失业量。

第九章　劳资纠纷

记得在对失业的定义中，我们将那些因陷入与雇主的劳资纠纷中而失去工作的人员排除在失业的行列之外。因此，乍一看上去，似乎产业和平的一般问题完全超出了本书的研究范畴。然而，实际情况并非如此。在劳动公报中每月所公布的领取失业救济金的工会会员的报表资料中，当然不包括那些导致工厂关闭或罢工的工人。但是，与重大劳资纠纷时期相联系，劳动公报中的部分相关数据总是显示出一个异常高的失业总百分比。例如，1912 年 3 月，在煤矿大罢工期间，失业总百分比高达 11%，而 1903—1912 年这十年间的三月份的失业总百分比的平均水平仅为 5.5%。其原因在于重要行业的停工会从两个方面阻碍其他行业的劳动力需求。一方面，实际陷入劳资纠纷中的人员会变贫困，这会阻碍对其他行业所生产的产品的需求。另一方面，如果发生停工的行业是为其他行业提供大量商品或服务的行业，那么，这实际上会妨碍其他行业的原材料供给。总之，产业领域内的某一部分的劳资纠纷会削减该产业其他部分的劳动力需求。当然，它们对劳动力需求的影响程度并不相同。劳资纠纷的覆盖范围越大，其所影响的商品和服务的基础性越强，它对劳动力需求的影响就越明显。例如，煤矿业、运输服务业这两种行业的商品和服务，在实际中很显然是

辅助所有行业的基础。如果煤矿工人或运输工人举行罢工，那么，其对劳动力需求所产生的间接影响，要比程度和持续时间相同的棉纺工人罢工的影响大得多。但是，在某种程度上，所有的劳资纠纷都是劳动力需求波动的原因，除了前两章我们所讨论的更一般的原因之外。因此，设计能避免劳资纠纷发生的任何制度安排在某种程度上是劳动力需求波动的缓和剂，是减少平均失业量的影响因素。所以，在本书的范围内，我们有必要对所谓的产业和平的机制做一些简要讨论。

当雇主和雇员以组织的形式彼此相对立时，威胁产业和平的分歧不可避免地会不时地在他们之间产生。这些分歧可能涉及他们自身的一些琐事，如给某一小组工人的待遇问题，也可能涉及一般工资率和工时等一些大问题。无论分歧大小，最终都会成为两大组织之间的分歧。产业中解决分歧的更原始的形式是个人谈判，尽管这种具有代表性的谈判形式仍然存在，但现在已被集体谈判的形式所取代。正是因为谈判方是组织而不是个人，所以当谈判失败时，大规模的停工就会威胁到整个社会，像这样的真实的产业战争在组织出现之前是不可行的。因此，产业和平机制就意味着设计一种机制以使这种有组织的冲突不可能发生。

没有战争就可以达成令人十分满意的、切实可行的协议，这显然对任何产业的雇主和雇员都同样有利。因此，我们就不足为奇地看到，在发达的工业社会，产业组织发展的程度越高，从其内部产生的和平促进机制就越有效。这些完全自愿的制度安排的传统发源地是英国。英国为参与协商会议的雇主和雇员代表制定了详细的制度，他们的职责是针对任何地方所可能产生的分歧进行讨论和调整。这些制度主要可以分为两大类：其中一类的程序是完全靠双方代表进行协商，没有条款规定最终僵局的解决方案；而另一类是，当协商失败时，必须诉之于仲裁，由一个中立的主席进行裁决。在另一本著作中，我详细地研究了这两种制度所呈现的各种形式。但是，我们现在的目的，只要能对每种制度列举出一个典型的实例以表现出它们的一般特点就足够了。

兰开夏郡棉业的布鲁克兰协议提供了一个关于纯粹调解机制的极好实例。该协议的第六条规定："将来对于工作、工资，或其他方面的分歧、纠纷、争议、不满、抱怨等任何问题所引起的任何闭厂或罢工，任何地方的雇主协会、雇主联合协会或工会、工会联合会，在下列情况之前都不得允许、鼓励或者支持：(1)地方雇主协会的秘书以书面形式向地方工会秘书，或地方工会秘书以书面形式向地方雇主协会的秘书提交相关情况的解决办法不相同而难以达成一致协议时；(2)地方工会的秘书处，或者由地方工会的三个代表与其秘书组成的委员会，以及地方雇主协会的秘书处或者由地方雇主协会的三个代表与其秘书组成的委员会在收到上述的书面报告后的七天时限内，经充分调查后仍未能妥善解决和安排好分歧、纠纷、争议、不满、抱怨等此类问题之时；(3)在上述的解决方法和安排未能解决相关问题之后，地方工会联合会或地方雇主协会的秘书处的明智做法是将这些问题提交给由雇主联合会的四名代表与其秘书组成的委员会，以及工会扩大协会的四名代表与其秘书组成的委员会，在问题提交后的七天期限内，如果这些委员会也未能妥善解决和安排好上述问题，那么上述秘书处或委员会就有权

利延长上述的七天期限，只要他们认为这样做是有利的或明智的。”[①]一般性质与此相类似的协议在工程行业的雇主联合会和主要的工会联合之间、在造船业的雇主联合会和工会联合会之间，以及在其他行业的雇主联合会和工会联合会之间仍然有效。

最后一种由中立的主席进行裁决的调解制度以1909年苏格兰煤矿主与苏格兰矿工联合会之间达成的协议为例。该协议的第一条规定：“(1)调解委员会应继续存在，条款中规定其义务就是以双方都互相同意的方法选取一名中立的主席，由该主席就分歧做出最终有约束力的决定。如果该主席的人选双方未能达成一致，就由下议院的议长指定；(2)该调解委员会和协议的有效期至1912年8月1日；(3)协议到期前的六个月，如果没有收到任何一方提出的终止协议通知，那么该协议仍然有效，之后无论何时如果其中任何一方提前六个月提出终止协议通知，该协议就失效了。”[②]一般性质与此相类似的协议，即将分歧最终交给仲裁，在英国煤炭业的其他部门中、在制靴和制鞋业中，以及在最近签订协议的国家主要铁路系统中都能看得到。

很显然，如果这两种协议的每一种都能以一种友好的精神发挥作用，它就能够在很大程度上促进产业和平。但是，任何一种协议都不足以避免所有情况下的罢工或闭厂停工。纯粹的调解方案即使是在其实施的有效期内也会爆发战争。由仲裁机构做出的调解方案在协议条款到期时也很难再重新开始。因此，近些年来，欧

---

① [英王致议会命令第5366号]，第137页。

② [英王致议会命令第5366号]，第34页。

洲大陆、英国和美国同样都在尝试由公共机构来补充私人努力以追求产业和平，在双方谈判即将发生决裂的危险情况下，由官方给予调解。这种想法不是要代替有直接利害关系的双方的谈判，而是要补充他们谈判的不足以帮助他们达成协议。在某些情况下，只有在双方中的一方或另一方请求之后，官方才会给予调解。比利时 1887 年的一条法令批准成立地方劳资委员会，其组成部分由不同行业的代表构成，并规定："任何看来需要地方劳资委员会的情况下，应劳资双方中任意一方的请求，省长、市长或发生劳资纠纷行业的部门主任，必须到该部门集合，努力以调解的方式来达成和解协议。"[①]然而，更常见的是，不论发生纠纷的双方是否提出请求，公共机构都有权进行酌情处理。1892 年的法国法律和 1896 年的英国调解法案所规定的情况就是如此。后者规定："任何一个或一类雇主和工人之间，或者不同类型的工人之间，发生了分歧或担心发生分歧，如果他们认为贸易委员会适合作为调解的公共机构，那么贸易委员会就可以实施下面的全部或任何一项权力：(1)调查分歧的起因和具体情况；(2)采取有力措施，在双方互相同意的或贸易委员会提名的或其他个人、团体指定的主席的主持下，能使分歧双方亲自或指派代表会面一起协商以友好地解决分歧；(3)经相关雇主或工人请求，在考虑该地区或该行业或该事件的可获得的调解手段的存在性和充分性之后，指派一人或几人作为调解员，或组成调解委员会。"为了使这种双方自愿的调解委员会的产

① 《美国劳动局公报》(*Bulletin of the United States Bureau of Labour*)，第 60 号，第 421 页。

生不受间接影响，该法案还进一步规定贸易委员会应认真鼓励与行业有联系的此类委员会作为调解者。

经验使我们相信，如果能灵活地、富有同情心地进行调解，原本可能会导致停工的分歧往往会得到很好的解决。因为这种方式为双方在不损失尊严的基础上彼此做出让步提供了一个机会，它也使得人们在激烈的争议中易于忽视的一个事实变得明显，即一般的公众和直接的利益相关方都能从和平中获益。但是，我们目前所讨论的这种调解方式有一个明显的缺陷。力图进行干预的公共机构的调停有可能被双方中的一方拒绝，或者也有可能在双方接受它之后，仍证明不能弥合双方的分歧，因此下一步就不知道如何进行了。鉴于纯粹自由选择的调解方式的这一缺陷，英联邦的加拿大自治领于 1907 年通过一项法案，名为《劳资纠纷调查法案》，法案中规定，在某些情况下需要一种更为严厉的国家干预形式。这一法案随后为特兰士瓦的立法部门所效仿。该法案不具有普遍的适用性，只是专门适用于某些产业，主要包括煤矿业、交通运输业、各种形式的铁路服务业、电力或其他动力行业、轮船业、电报电话服务业、煤气业和自来水行业。所以我们有理由相信这些行业的停工会对整个社会会造成很大的伤害。实际上，只有在这些行业的停工严重威胁到整个社会，而且引发停工的双方的共同反对不能规避时，该法案才开始发挥作用。其主要规定如下，雇主和雇工的合同条款的任何提议性变动，必须提前 30 天发布通知。如果另一方拒绝合同条款的提议性变动，则由公共机构指定劳资协商委员会对争端进行调查，并由劳工部部长发布该委员会所提交的调查报告和所提出的解决争端的适当建议，在此之前，任何有

关的罢工或闭厂停工都是禁止的，否则就会受到惩罚。当报告公布后，任何一方都没有义务接受该委员会的建议，停工可以合法地进行。但是，在报告公布之前，法律禁止停工，并会对参与停工的每一个人给予罚金处罚。如果是雇主闭厂拒工，则每天处以100—1000美元的罚金。如果是工人进行罢工，则每天处以10—50美元的罚金。我们会注意到，这一法案有两个明显的特征。一方面，它强制实施延期，调查和讨论，由此希望能达成和解协议；另一方面，如果未能达成和解协议，它会公布委员会的建议，通过社会舆论的压力来促成劳资双方接受这些建议。最近的调查似乎表明，该法案的两个特征的第一个在实际中更为重要。美国劳工公报的记者V.S.克拉克（V.S.Clark）先生最近写道："指定委员会的政府和实施调解程序的最成功的委员会通过非正式的方式将该法案解释为调解法规，其目的是双方之间能自愿达成协议。"[①]乔治·阿斯克威斯（George Askwith）爵士向英国贸易委员会提交了一个报告，该报告于1913年发表，其中他表达了这样的观点："进取精神和调解目的是加拿大法案中更有价值的部分。"[②]然而，这并不是说该法案的另一个特征不重要。确实，公众一般不太关注一些微不足道的纠纷，因此所形成的社会舆论的压力也就很小。在所有的纠纷中，一旦引发冲突情绪，强大的社会舆论压力甚至也会被忽略。但是，当纠纷严重影响到整个社会，如铁路服务或煤炭供应面临混乱威胁的时候，社会舆论无论如何是必须要加以考虑

① 《美国劳动局公报》，第76号，第666号。

② ［英王致议会命令第6603号］，第17页。

的一种力量了。有趣的是，我们在许多案例中可以注意到，双方中的一方最初拒绝接受劳资协商委员会的建议，罢工或闭厂拒工随之发生了，纠纷的最终解决实际上还是依据劳资协商委员会的建议。

正如前面所注意到的，在加拿大法案下，如果双方通过调解和劝说之后仍然不能解决争端，那么罢工和闭厂拒工最终可以不违反法律而发生。澳大利亚殖民当局采用一种立法，在这一法案下，不但公共机构所指定的劳资协商委员会具有法律约束力，而且它们提出的解决分歧的条款建议也具有法律约束力，违背上述法律约束力的罢工和闭厂都是要受到严惩的违法行为。这种立法得到充分发展之后，就堵上了加拿大法案遗留下的罢工的漏洞。一般而言，我们应适当做些努力来鼓励通过讨论和调解解决分歧，但我们应将重点放在阻止那些正常手段失效的情况下所采取的罢工或闭厂上。事实上，与一般的观点相反，新西兰的法案仍有一个小的漏洞。因为殖民地具有强制性的仲裁法案仅适用于在该法案下登记过的工会。然而，新南威尔士和西澳大利亚的相应法案并没有保留这种做法，因为英联邦法案对一个州以上的范围内的分歧同样适用。为禁止罢工和闭厂，无论哪种情况都是以罚金的形式来进行制裁。在新西兰，违反法令的个体雇主和工会应受500英镑的罚款。如果工会未能支付罚金，其个体成员将被处以十英镑的罚款，该罚款可通过工资扣款的形式来征收。西澳大利亚，像新西兰一样，完全依靠罚款来制裁罢工和闭厂。但是新南威尔士的法案却规定未能缴纳罚款的人员将处以监禁，并且英联邦法案规定第二次违法的人员没有交纳罚金的处罚选择，而是直接监禁。当

然，很明显，任何法律、任何条文的禁令都不能保证被禁行为不再发生。因此，毫不惊奇的是，尽管澳大利亚殖民当局颁布了强制性法令，但事实上，由于劳资纠纷，罢工也会发生。这正如盗窃和谋杀行为会不顾法律的严惩而偶尔会发生一样。主张实行强制性仲裁法的人也不否认这一点。他们声称，这些法令不是缔造一个没有罢工的国家，而是通过造成一种比无组织的言论更直接、更有效的压力使停工不那么频繁地发生。

以上简单地描述了四种用于促进产业和平的主要机制，即自愿组成的委员会、调解、强制性调查和报告、强制性仲裁。这种描述必然极其粗略且不完整。在评价这四种不同机制的比较优势时，我们可能理所当然地认为自愿组成的委员会和公共机构在关键时刻提供的调停，实际上会被对这些问题感兴趣的研究者欣然接受为社会合意的机制。但是，除了这些机制之外，关于加拿大和澳大利亚模式下的立法制度是否适合社会最佳利益，这存在着相当大的分歧。对强制性调查和强制性仲裁有一种非常重要的反对意见，理由是这两种机制或多或少地会妨碍不同产业的雇主和雇工共同努力构建自愿调解和仲裁制度。这些制度很重要，因为它们不仅是促进和平的机构，而且也是促进雇主与工人相互同情和理解的机构。通过施加外部压力取得的和平毫无疑问也依然是和平，也是一种社会福利。然而这样取得的和平与痛苦和敌意相联系，远不如从不用强制镇压的冲突的余烬中产生的那种和平和善意。这是反对各种形式的官方干预雇主和雇工之间分歧的一种普遍理由。但是，很显然，如果官方干预是与促进形成调解机制的刻意努力相联系，而且是仅限于对社会产生重大伤害威胁的停工事

件，那么这一反对理由就会在很大程度上失去其说服力。然而，从英国，也可能是美国的立场来看，对澳大利亚立法中规定的极端形式的干预的反对，就有了另外一个更有说服力的理由。如果立法遭到受影响的绝大多数人的强烈反对，就会难以执行，而且会伤害人们对法律的普遍尊重，而维持对法律的普遍尊重对每一个社会都很重要。在英国和美国，雇主和雇员当前对强制性仲裁是极不信任，都认为它不值一提。因此，面对这种普遍的反对情绪，贸然引入这种强制性仲裁是不可行的，也是不明智的。然而，这一情况与加拿大法案作为例证的强制性调查和延期停工不同。我对这一问题的观点在该法案通过的四年前，即 1903 年就已经发表了，随后发生的事件我认为不能成为修订该法案的原因。我认为："下一步代表产业和平运动的就是颁布一些方案作为强制性参考，由部长自行决断将某些特定行业所产生的分歧提交到法庭，法庭判决应取决于人们对非正式意见的认可。这一方案在美国得到了安斯拉塞特煤矿罢工委员会的大力提倡，在英国也是在实际政策界限之内的。它的颁布符合英国立法的经验性传统。它代表的是一种政策，一方面防止发生重大的灾难危险，另一方面开启了未来发展的可能性和逐步推进了事情向更好的状况发展。"①事情向更好的状况的逐步推进就会构成减少平均失业量的一个重要因素。

① 庇古：《产业和平的原理与方法》，第 209 页。

第十章　劳动力的流动性

我们已经在本书的第七章和第八章中说明：一些作用于产业变动的原因(即与季节变换、气候变化以及商业人士心情的好坏有关的那些原因)促使各处产业同方向变动，而另一些原因则使得一些产业或者部分产业向上波动，同时伴随着另外一些产业的向下波动。很明显，在这些情况下，由于工人可以自由地从劳动力需求的紧缩地点流向劳动力需求的扩张地点。在经济繁荣时期，雇主不必完全依靠大量的、长期属于自己工厂并总随时等待工厂指令的工人来满足他对劳动力的需求。他也可以依靠那些可利用的临时工，这些临时工由于其他产业领域在经济繁荣期发生了萧条而失去就业岗位。如果劳动力的总需求不变，那么一些地区和行业的繁荣恰好与其他地区和行业的衰退相平衡，而且如果劳动力绝对可以从一个地点完全流动到另一个地点，那么他总可以依靠这种方式得到他所需要的劳动力。因此，在第七章的开头部分我们就已经强调过，有必要对工资系统进行维护以保留经济萧条时期所需劳动力的超出部分作为劳动力储备，然而现在就没这个必要了，失业也将因此不复存在。当然，在现实中，劳动力总需求不变或劳动力可以完全流动的这样事实是不存在的。因此，我们刚才在假设情况下发现的结果仅仅具有例证的说明价值。然而，对它

的思考使我们看到，在假设情况下完全表现出来的趋势也在现实生活中部分地显示出来。部分产业领域劳动力的流动性的每一次提高（其中一部分产业对劳动力的需求呈上升趋势，同时，另一部分产业对劳动力的需求呈下降趋势），都削减了劳动力储备在每一部分产业中的集聚，同时，这样也在一定程度上减少了失业量。实际上，不提高工人的流动速度、反而增加找工作的人的数量就可以明显地增加工作转换过程中的人数的观点是不被认可的。然而，事实表明，除非提高的流动性对降低的工资率弹性做出反应，否则，提高流动性将会以一部分人的失业为代价，而不会带来就业的提高；因为流动中的人们毕竟是附属于产业领域不同部门的劳动力储备的一部分，而不是他们的补充。如果劳动力流动对工资弹性做出重要反应的话，情况就会大不一样了，因为如果是这样，许多在原地本可以在减少的工资率下接受工作的人们，现在可能要开始四处寻找工作了，因此就引起了失业人数的额外增加，在可能的情况下，增加的失业量要比伴随经济收缩的失业更严重。但是，这种理论上的可能性在现实生活中是不可能出现的，因此也就失去了讨论的必要性。所以，我们确立的一般命题是：其他条件保持不变，劳动力流动性越高，随着劳动力需求在各点之间沿着相反的方向的移动，失业率也就越低。而且，毫无疑问，尽管对劳动力的不同需求多发生于特定行业或者行业的某些特定部分，而不是行业与其他行业之间，然而，产业界的任何两部分之间都可能发生对劳动力的不同需求。因此，上述命题可以扩展应用到一般流动性上去。但是，我们还需要补充说明以下两点：第一，当两点之间对劳动力的需求波动可以相互抵消时，流动性的提高可以显著地降低失业率。煤气厂和砖厂就是典型的例子，煤气厂的产品主要在夜长寒冷的冬季需要，而砖厂的产品自然在天长利于建筑施工的夏季最用得着。第二，劳动力流动性的提高发生在不同产业的厂商之间比发生在同一产业的厂商之间的作用效果更显著。因为，在前一种情况下，更多的个人需求朝着相反的方向发展。后一种考虑显示一种对失业有好处的特殊影响将会被现代的一种趋势所运用，该趋势在本书的第101页还会更详细地讨论，就是许多行业用特殊工作专业化来代替特定行业专业化。然而，这些都是次要的。因此，接下来我们将主要讨论一般的流动性，而不是特殊形式的流动性。首先，我们要更仔细地讨论一下流动性这一术语所具有的精确意义。

众所周知，这一术语有时仅仅用来表示流动能力或者在刺激的影响下可以向任何方向流动的能力。这不是目前这一讨论所要求的含义。我们可以将流动性定义为，向有明确自我利益的方向的流动趋势，或者借用贝弗里奇准则来说，流动性所指的不仅仅是流动能力，而是有组织的和明智的流动能力。[①] 因此，我们和传统的看法有分歧了，这种看法认为决定流动性的障碍包括关于经济自利原则的错误判断和流动的各种费用，该种观点宣称，任意一种流动性障碍的消除和减轻，就必然会提高流动性。显然，根据刚给出的流动性的定义，如果对自我利益关系判断错误，那么流动的实际费用减少，非但不会使流动性增高，反而会使它降低。无知和错误的减少总能提高流动性，但是，如果基本上克服了无知和错误，

① 贝弗里奇：《失业论》，第209页。

那么实际的劳工流动所需费用的降低只能扩大流动性。因此,在许多情形下,仅仅降低劳工的旅行费用,而不发生任何其他的变化,是否会提高流动性就值得怀疑了。但是,如果在降低劳动旅行费用的同时,又伴随着向具体的职位空缺的明智指导,那么,流动性的提高就毫无疑问了。在英格兰,工会最初不加区别地向所有的找寻工作的工会成员支付旅行津贴,后来,旅行津贴主要用于使那些已经确定好工作的成员到达工作地方。英国职业介绍所法案中有这样一个条款,其规定如下:经财政部批准,职业介绍所可以通过贷款帮前往确定工作地点的劳工垫付旅行费用。在德国,本国的职业介绍所向那些已确定好具体工作地点的人们提供廉价的火车票,而并不是普遍地向找寻工作的人们都提供这种待遇。综上所述足以证明这一问题的重要性。让我们首先考虑一下,在现代文明国家应制定什么条款来指导劳工向正确的方向流动。进行这一问题的研究应主要从两个方面进行:第一,特定行业工作地点的变迁;第二,不同行业的流动性。

在其他条件不变的情况下,当部分产业领域的工人不清楚另一部分产业领域现存的状况时,很显然,由无知对劳动力流动性造成的障碍是最大的。因为如果在这些情形下他们外出寻找工作(他们的无知可能会使他们犹豫很长时间决定是否外出),他们便会毫无目的地奔走于职位非空缺和职位空缺的工厂,这会使他们疲惫地“从一个工厂奔走到另一个工厂,通过一次又一次地职位申请,来发现哪一工厂需要他们”。[①] 然而,无知一般并非这么严重,

① 皇家济贫法委员会:《少数党报告》,第1125页。

最起码在英国如此。通过不同地方和不同行业的劳动力需求量，我们可获得基本的信息。这些消息可以通过报纸广告、与朋友交流和工会关于地区情况报告等渠道获得。迪尔先生对这些方法在伦敦建筑业的发展有一个有趣的叙述，他说："寻找工作的互助制度是以工会的职位空缺手册这样一种更为系统化的方式发展和实施的。任何失业工人将自己的名字写在地方工会或会所的失业手册上。于是，地方工会（一般情况有 20 到 400 甚至 500 人）每一成员都会为他寻找空缺职位。更确切地说，该地方工会的所有成员都在寻找空缺职位，以解决失业手册上登记人员的失业问题。当任何成员得到任何地方需要劳工的消息后，他们都有义务通知地方工会的会长。一些工会，如木匠和工匠联合工会，还会支付给任何帮助在失业手册上登记的成员解决失业问题的工会成员一笔六便士的奖金，还会对那些把就业机会优先给了非会员的工会成员处以大量的罚款。地方工会会员一般要把需要人和可能需要人的地方通知该工会会长，而工会会长一定要通知失业会员在哪里最可能找到工作。"[①]近年来，英国官方由于采用"劳工公报"的方式，这类消息可为人们广泛获得。那些并不发达的职业介绍所也作为有力的信息提供机构。它们使工会进行的探询工作扩大化，"劳工能够在自己所在的社区，获得整个伦敦城中关于他自身的劳动力类型的相关探询结果"。[②] 当不同城市中的职业介绍所互联，劳工就可接触到更广泛的消息。因此，在德国"为确保劳动力的流动

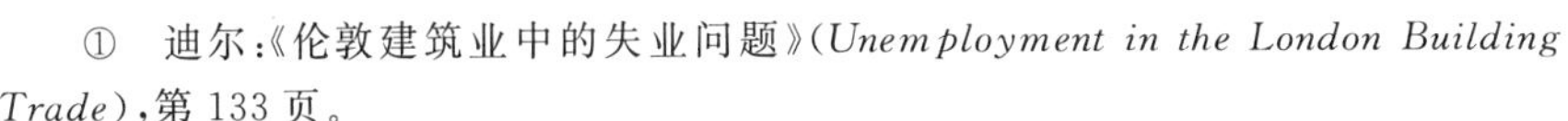

① 迪尔：《伦敦建筑业中的失业问题》(*Unemployment in the London Building Trade*)，第 133 页。

② 皇家济贫法委员会：《少数党报告》，第 1125 页。

性，德意志帝国不同地区的就业促进机构应通过通信系统互联，这一点是极为重要的。这一系统已由劳工登记所联合会建立起来。……在巴登大公国*，所有的劳工登记所通过电话联系。任何地方对劳动力产生需求或者劳动力过剩，其他地方立刻会得知这些消息”。[①] 在巴伐利亚，通过将职位空缺列表发布到没有职业介绍所的农村，这一系统又得以进一步扩展。[②] 在英国，最近的职业介绍所法案使这一系统的发展由孤立形式变为联系的形式。很显然，这种组织起来的体系可作为一个有力的工具，来消除由于暂时失业工人的无知而产生的劳动力流动性的障碍。

乍看上去，似乎如果在既定区域内，一个组织完整的用以传递整个区域内有关劳动力需求量消息的体系已经建立起来，那么消除无知以促进劳动力流动性的问题便没有必要再谈。然而，这是一个错误的观点。某一工厂现有两个空缺职位与人们到那儿去找工作时仍然有两个空缺职位，这两条消息并非等同，而是后者比前者的可能性缩小了。因此，如果各中心收集不同工厂或不同部门一定可以雇佣的人数，而非收集它们当时所存在的空缺额，那么这种办法便可进一步消除妨碍劳动力流动性的无知。如果能够做到这一点，那么工人所得到的消息就不再仅局限于某地现有若干职位空缺，而是他们到达该地后仍能获得这些工作机会。这是伦敦与印度船坞厂建立的总中心和在更广泛的范围内建立的现代组织形式完备的职业介绍所对劳动力的流动性所做出的重要贡献。职

* 在德国南部，现为巴敦州。——中译者

① [英王致议会命令第 2304 号]，第 65 页。

② [英王致议会命令第 2304 号]，第 93 页。

业介绍所的职员为特定的工厂选定好工人后，不论是绝对录用还是考核录用，都显得无关紧要。因为一般而言，工厂实际上都会接受被送去的工人。然而，如果厂商通知职业介绍所仍有确定的职位空缺需要填补，职业介绍所就应选出确定的人员送至这些工厂，这一点至关重要。从目前的观点看来，职业介绍所的价值并不在于它本身的产生，而是它作为若干厂商的共同的雇佣机构。如果没有这些机构，那么这些厂商就会作为分散而独立的劳动力需求中心。

理解了这些问题，我们就可以很明显看出，任何地区通过该地区的职业介绍所填补的职位空缺额的比例越高，则对劳动力的流动性产生的有利影响就越大。在自愿的原则下，职业介绍所对雇主越具有吸引力，这种比例就越大。经验似乎表明，如果职业介绍所要赢得广大的主顾，那么它们就应由雇主和雇工双方的代表共同公开管理，而不应由可能进行欺诈行为的私人用作个人的投机；[①]这种机构并不应关注罢工和闭厂拒工，而应允许各方在该机构贴出通告，说明某厂现已停工；该机构应与任何慈善救济性质的机构有所区别，与这些救济发生联系，既会使最优秀的工人由于害怕有损于声誉而退避三舍，也会使雇主不愿到职业介绍所来雇人；该机构还需政府和国家给予声望，并进一步做切实可行的广告宣传，以成为所有厂商雇佣工人的专门机构。对于通过职业介绍所

① 贝克尔(Becker)和伯恩哈特(Bernhardt)的《世界各主要国家职业介绍所章程》(*Die gesetzliche Regelung der Arbeitsvermittlung in denwichtigsten Länden der Erde*)中，包含对这种法律的启发性描述，不同国家为了阻止私营职业介绍所出现的各种滥用行为，都认为有必要采用这种法律。

找工作的工人是否应该缴费的问题，尚存争议。1904年法国法律禁止私人职业介绍所收费。但是特兰士瓦贫困问题委员会指出，“收费是目前防止那些并非真正需要寻找工作的人到职业介绍所里来的最为有效的办法”。[①]将这类人排除后，职业介绍所无疑对雇主就更具吸引力。同时，国家也可选择通过一些法令形式增加经由职业介绍所要填补的空缺比例。如果规定所有失业的人都必须到职业介绍所登记，那么这项工作就又推进了一步。因为一旦采取这种做法，那么厂商通过这些雇佣中心雇佣工人的吸引力就会增加。这种做法是由济贫法委员会提出的：“正如随后将会提出的，我们认为，如果国家向各工会成员支付失业救济金，那么作为交换条件，各工会失业会员不但要在本工会的失业名册上登记（如果有必要的话），而且还必须向当地的职业介绍所登记姓名和报告。如果国家支持和鼓励工会，工会就应帮助国立的和国家所需要的职业介绍所，这样似乎合情合理。”[②]法律规定是一个更彻底的办法：雇主和雇工不经过职业介绍所不得订立工作契约。英国商船海员已经实行这一规定，贝弗里奇先生主张这一做法应普遍推广。由于担心缺乏雇主的支持而使职业介绍所的有效性减弱，所以他大胆地提出完全采用强制的办法。他说：“如果事情无法自愿做到，就必须通过强制手段做到。工厂法的新条款规定，除在职业介绍所登记的人员外，任何工厂雇佣劳工的期限不得超过一周或一月。国家必须禁止有损公民身心健康的雇佣条件是一公认的

---

① 特兰士瓦贫困问题委员会：《报告》(*Report*)，第135页。

② 皇家济贫法委员会：《多数党报告》，第403页。

原则。新条款的规定是这一原则的合法的和无可抗拒的引申。”[①]英国国家保险法，即使未这样做，也提出凡是通过职业介绍所雇佣劳工的雇主，其雇工的疾病保险费和失业保险费（如已设立）都可以适量降低。[②] 所有这些办法促使人们更广泛地利用职业介绍所，如果其他条件不变，这些办法就能消除对于劳动需求条件的无知，从而促进劳动力的流动性。然而，我们应该指出，这些办法实施的程度，已经采用这些办法所产生的预期收益，对于工会体系发达的国家来说，比工会体系不发达的国家要小。德国职业介绍所为熟练工人和非熟练工人寻找空缺职位同样有效。然而，由于不存在强大的工会组织，英国的职业介绍所为非熟练的工人找工作受到了很大的局限。[③] 这一事实说明了上述的观点。

如果任何流动的愿望都有发达的消息作根据，那么劳动力希望从某地流动到另一个地方，或从某行业流动到另一个行业的流动性大小则取决于流动障碍的大小。这些流动障碍有若干不同形式。例如，直到 18 世纪末，“地区流动性”受到移民法的严重阻碍，目的是防止在一国的某一地区出生的人到另一地区去纳税，故极大地限制了他们流动的权利。亚当·斯密写道：“一个穷人要通过教区这一人为界限，比经过一段海面或翻越一座高山还要难。”现今各行业间的流动性在某些情形下会受到若干的工会区分法则的

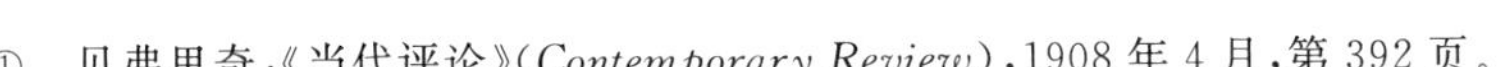

① 贝弗里奇：《当代评论》(*Contemporary Review*)，1908 年 4 月，第 392 页。

② 参见《国家保险法案》(*National Insurance Act*)，第 99 节(1)。

③ 参见斯克拉斯(Schloss)：《经济学季刊》，1907 年，第 78 页，以及《反失业斗争协会公报》(*Bulletin de l'Association pour la lutte contre le chômage*)，1913 年 9 月，第 839 页。

阻碍,试图为某些工人保留某些特殊的行业,如有其他行业的工人从事这一行业时,将采用罢工予以禁止。例如,一个泥水匠不得从事石匠的工作,制模工人不得从事木工的工作。然而,在绝大部分的情形下,在现代工业体系中,影响人们地区间和行业间流动意愿的原因,都可以归纳到"流动费用"这一总因素中。

关于这一因素,从目前的观点来看,我们首先应注意:"在A和B两个需求中心之间的流动费用,并不一定是实际费用,而是比实际费用更少,我们可以将这种比实际费用更少的费用叫作'真实'费用,即甲乙两地间不同阶段的流动费用总和。如果流动费用只是实际的交通费用,那么这一点似乎就并非那样重要了。因为,每英里长途旅行的费用总体上要比短途的便宜,故真实费用并非小于实际费用。然而,如果流动费用是由于学习某种特定技能的需要而发生的,那么情形就变得不同了。在这种意义上,从农业劳工到制造业厂主之间的转换费用将是无限的;但从农业劳工到小店主、从小店主到大店主、从大店主到部门经理、从部门经理到总经理,以及从总经理到厂主之间的费用都较小。如果费用是由于离家到其他地方定居而产生的主观上的负担,那么就可适用上述的说法。这1,000英里的流动费用极大地超过200次5英里的流动费用。生活在两国边境的居民一般熟悉两国语言,由于语言差异而产生的障碍同样也会减少。下面的一段关于中世纪法国的叙述是一个很好的例证:'如果里昂需要工人,里昂就可向夏隆绪尔索恩求助,而夏隆绪尔索恩就会向里昂提供工人。而夏隆绪尔索恩所产生的需求空缺将由奥克赛尔的工人填补。如果奥克赛尔发现工作需求比工作供给少的话,就会求助于桑斯,而桑斯在必要

时又会向巴黎求助。……因此，无论距离多么远，劳工需求都会扰动不同的地区。这就像一个团的人纵向列队，虽然只前进几步，但作为整体却在行进着。'显然，这种说法是极其重要的。"①

现在我们可以更详细地看一下流动的费用问题。当给定两个地点之时，我们立即可看到，两地之间的流动费用不仅包括工人想要流动而所需旅行的货币费用，还包括离开亲友和熟悉地的痛楚成本。当然，对于交通方式越发达的国家，货币费用就越少，交通费用相应地也就越少。当交通工具的速度增加时，其他的费用也就少了，因为工人很容易就可转换工作地点而无需搬家。至于两行业之间的流动费用的情形：由于工业进步，两行业所需的操作技能越相似，它们之间的流动费用就越小。目前这一方面似乎有一个明显的趋势。德·罗西叶(De Rousiers)先生写道："不断发展的机械运用使机械工人的工作与店铺伙计的工作越来越相似。店铺伙计很容易从某一商业流动到另一商业，可以从绸缎业流动到食品业，从杂货业流动到家具业，所以目前的零售店如果由能力卓越的人进行经营管理，那么它就不会单纯局限于某一个部门，而会采取大型的综合店铺的形式。机械制造业也会有这样大范围的劳动力流动，正如店铺伙计很容易从一个柜台流动到另一个柜台，工人也很容易从看管一种机器转移到看管另一种机器，从织布机转移到制靴机，从造纸机转到纺纱机等。"②这一发展意味着专门技能相对于一般的能力而言，其在工业操作中所发挥的作用比以前

---

① 庇古：《福利经济学》，第112—113页。

② 德·罗西叶：《英国工人问题》(*La Question Ouvrière en Angleterre*)，第334页。

减少了;这也意味着工人从某一行业流动到另一行业所需的新的培训费用减少了。综合上述,我们分别讨论了不同地点之间和不同行业之间的劳动力流动。但是实际上,职业间的流动往往同时还需要实现地点间的流动。因此,如果职业间的劳动力需求量的波动能或多或少地互相抵消的话,那么相关职业设立在相同的地区,就能使职业间劳动力流动的总费用降低。如果不同职业的工作设在同一工厂中,这种费用就可进一步地降低。因此,商业部最近的一个报告很有趣:"有能力有思想的雇主通过卓越的组织管理来克服季节的自然波动。他们将果酱、橘子酱、糖果以及肉类罐头等制造结合起来。因此,他们就可以占用雇工的大部分时间。一个纸花厂雇用了200多个女孩和妇女,她们每年只工作六个月,后来该厂又建立了制造装饰帽子的羽毛这一行业,现在工人全年都得到了雇佣。在卢顿,主要的行业是草帽制造业,这一行业在一年中有六个月工作总是停滞,后又引入毡帽制造业,现在常常看到这两种不同的行业在同一工厂中进行,并在一年中的不同时期雇佣相同的工人。"[①]明智的雇主采用了这种办法,这种办法在很多情形下都是为了雇主的经济利益,因为这一办法必然减少劳动力流动的费用,从而提高其流动性。

在本章得出结论之前,我们必须谈及我们有意放下的另一个问题。我们已经讨论过有关劳动力需求量方面的消息增加后所产生的影响,以及地区间和行业间的流动费用的减少,但我们并未涉及采用何种方法才能增加这方面的消息以及减少流动费用。诚

① [英王致议会命令第3864号],第284页。

然，就对平均失业量的影响而言，这些变化是否会由于观念的进步或者由于消息和流动方式可更廉价地提供给工人而自动发生，这都无关紧要。对于这些消息和流动方式，它们并非更容易产生，而是由于一部分费用转嫁到了别人身上。然而，这两种减价的方式，虽然对失业问题产生相同的影响，但对社会福利却产生不同的影响。产品价格真正降低从而使工人获得便宜的产品，这才是纯粹的利益。其他任何类型的降价意味着获取这方面的知识并促进流动比正常情况下要投入更多的资源。实际上，补助金会影响一种特殊形式的投资。然而，经济分析提示我们，补助金一般会造成经济上的浪费。“毫无疑问，比利时铁路系统人为地降低工人的票价，实际在某种程度上已产生浪费。马海姆(Mahaim)博士的一篇有趣的专论中的一段话有力地证明了这一结论：‘在列日城郊，得建筑一座别墅。当地肯定不缺少劳工。尼维尔的一个建筑商获得了这一契约。他专门雇佣布拉班特的工人，其中有的人每日来上工，有的人每周一来上工。一般的劳动都未雇佣列日的劳工去完成。’另外，还有类似的几段话也说明国家为工人支付票价会诱使某地的雇主在其他地方获得工作机会时，将该地的劳工运去，尽管工作所在地事实上也能找到合适的劳工。正如在国际贸易结算时，将黄金两次转手，而非使用汇票进行，不论当时实行的财政制度使得这一做法对相关个人来说是否是一种浪费，但是对整个社会而言，这种做法一定会造成浪费。反对为促进劳动力的流动而由该领域支付补助金的推论只是反对为任何领域提出补助金的一般推论中的一种特殊情形。正如所有其他的情形一样，在目前的事例中，如果我们有理由相信，在没有补助金的情况下，工业投资

就不能产生社会利益最大化，那么上面的观点就会被推翻。”[①]至于促进劳动力流动的行业，部分原因是其产品难以折现，我们似乎就有理由相信这一点了。因此，从某种程度上而言，促进流动性的公共支出，不仅能减少失业，而且同时也能增加整个社会福利。但是，国家对于这一支出必须进行严密的监督。因为如果该支出过度，那么它对失业问题所产生的利益，就只能通过其他方面更大的损失来加以弥补了。

① 庇古:《福利经济学》,第 126 页。

第十一章　国家减少失业的直接行动

在前面的几章中，我们时常指出政府可以采取不同的方式来间接降低平均失业量。例如，在这一主题下，我们可以参考以下方式的可能性：教育政策的改进、货币体系的修改和职业介绍所网络组织发展等。但是我们有理由认为，政府当局采取的补救行动并不局限于这些间接的措施，也可通过专门设计的直接政策来减少劳动需求的波动性。因此，探究这种性质的行动所期望达到的效果就非常重要了。

在探讨的一开始我们就要克服初步的反对意见。有时人们认为总工资在任何时候都是严格固定的，因此，在某一特定的产业部门，有很多种方法可以增加劳动需求，但这是以相应减少其他部门的劳动需求为代价的。无论这一特定部门对劳动力的需求增加是因为私营雇主的补助还是政府部门的雇佣，其结果都是相同的。后一种观点在特兰士瓦贫困问题委员会的报告中被重点强调。该委员会指出，“财富是工资的唯一来源，政府为了从工人的工资中征税，当它给失业工人提供工作时，也就把发工资这件事情从私人那里转移到了自己这里。政府一只手在消除失业，而另一只手却在增加失业。它把工作从私人雇佣的劳动者手中抢过来给予被政府选中的人”。[1] 上述所陈述的仅是一般推理中的一个特殊例子。如果一般推理是正确的，那么政府无论采取直接的财政政策还是间接的财政政策，要从整体上减轻劳动需求的波动都是不可能的。然而这个推理是错误的。政府在经济繁荣时期和经济萧条时期都不能通过预期的善意行动增加对劳动力的总体平均需求量。这个考虑是极其重要的。因为这对所有每年拨出的一定款项来开发新产业以消除失业的方案是具有决定性意义的，比如说植树造林或者修建军用道路。但是认为政府不能通过减少经济繁荣时期相应的劳动需求量来增加经济衰退时期劳动需求量的想法是不正确的。为了说明这一点，我们有必要回顾一下货币支付机制以及这些支付所代表和促进的真实交易。当回顾结束之后，我们认识到，任何国家任何时候都会有不同的生产中心将商品连续不断运送到仓库和商店，同时还有其他两条物流持续不断地流出，分别是被有产阶级消费的商品和这些有产阶级成员为了激励劳动力提供进一步的服务而支付的商品。特兰士瓦委员会的说法和其他相类似的说法说明，流向劳动者的商品数量严格取决于流入仓库和商店的商品数量。事实上，流向劳动者的商品数量不仅取决于流入仓库和商店的商品数量，也取决于其他的流出量，连同商店里的物品流入流出后的储存容量。为了简化讨论，我们提出一个与前面的论点相悖的假定，即有产阶级的消费量是常数。在这种情况下，如果商品生产出来以后立即送达消费者手中，两者之间没有任何储存商品的媒介，一旦流入量确定，政府和其他权力机构就没有任何方

① 特兰士瓦贫困问题委员会:《报告》,第 129 页。

法改变流向劳动者的商品量。然而，事实上，总是有临时储存商品的中间媒介，而且这种方式确实是存在的。如果想要让流出量比正常情况下更加稳定，政府当局需要做的就是在劳动力需求低时从仓库和商店里借入资源来增加需求，当劳动力需求增加时再从流出量中偿还。当然，如果政府在经济萧条时期通过增加贷款来雇佣劳动者，可以确定的是一部分资金将来自于本来私人雇佣者用来购买劳动力流出的资源；同样确定的是另一部分来自于本来应该被储存的资源。政府当局在经济萧条时期借了100万英镑，或者是直接借入，或者是通过津贴的形式从私营企业借入，以此来雇佣失业的劳动力，但是这不代表对劳动力需求的净增加量；这100万英镑中的一部分而且是不小的一部分，我们有理由相信它确实代表了劳动力需求的净增加量。这些就足以推翻特兰士瓦贫困问题委员会中一些人员的论点。

回答了上述的初步反对意见后，我们接下来可以发现以下两种情形之间不存在本质的区别，一种情形是政府当局通过调整与他们直接相关的产业的行为来控制劳动力的需求，另一种情形使政府通过补贴和税收来调节私人拥有的产业的行为。毫无疑问，有时在政府直接雇佣劳动力的产业里，或者是在政府采购的一些极其重要的产业里，政府采取行动比其他情形下更容易。然而这只是一个次要的差别。本质的区别是在这两种情况下政府调控是分别从生产和消费方面进行的。我们必须把这两个一般的情形相继加以分析。

首先分析来自生产方面的调控，我们假定政府当局无论是采取直接干预还是财政干预，都是要在经济衰退时期增加在生产中心生产某一特定商品的劳动力数量，在经济繁荣时期减少该劳动力数量。这对平均失业量的影响可以从以下方面分析。如果商品是易腐的，那么就必须在生产出来之后立即消费，并且销售中心供销的数量一定等于生产的数量。在这种情况下，在经济萧条时期进行调节，增加这些生产中心的产出量，必须间接降低价格，并且抑制这个产业中其他生产中心的产出量。当人为地扩大所有生产中心中极少一部分中心的产出量，那么其他生产中心的减少量将与之前的增加量相等。类似的结论也适用经济繁荣时期减少生产中心的产量。因此，政府在促进小部分生产中心稳定生产易腐产品的时候，间接地引起了产量的不稳定性，与此同时，劳动力的需求状况也被直接破坏了。因此，这种行动对减轻平均失业量的作用是很小的。如果调节的是生产耐用品的产业的产量，情况就会好些。在这种情况下，引致的生产量的增加量比销售量的变化要大。当人为地增加产量时，多余的产品将被储存起来；当减少产量时，意味着本应储存的商品的数量的收缩。但是影响价格和其他生产中心产量的仅仅是市场上产出量的差异。因此，我们得到的结论是，被调控的生产中心劳动力需求增加的稳定性并不会被竞争中心增加的不稳定性所替代，只要生产的产品是可以储存而不是易腐的。但是，无论商品是不是易腐品，只要它们是被调节的生产中心的市场中很少的一部分，就必然会产生相当程度的抵消作用。例如，木材贸易协会给出了令人信服的证据，当国会贫民教养所和济贫院把砍柴当成自己的工作之后，破坏了伐木公司的独立性，导致很多人失业和一些人陷入贫困。[①] 如果被调节的生产

① 皇家济贫法委员会：《少数党报告》，第 1099 页。

者的产量占整个市场的很大一部分时，抵消的作用就会逐步消失；并且，如果被调节的是整个市场，就不会有任何的抵消作用了。从生产者方面抑制失业的积极行动随着调节范围的增大会更可行。但是，目前似乎在这个方面还没有真正有效的政策。

现在，我们把目光转向消费方面的调节。在这里，就如前面所说的一样，与政府当局无关的需求可以通过补贴和税收来调节，政府的直接需求也可以进行调节。在实践中，这种形式的调节，往往是调节后一种形式的需求。在接下来的部分，为了突出论点的更加广阔的应用性，我们不但讲政府当局的需求，还要讲政府当局调节的需求。为了这一论点的讨论，我们可以区分两种不同的情况，一种是需求不规则时的情况，另一种需求规则时的情况。在这两种情况中我们都假定，受政府当局需求调节影响的劳动力不是包括所有给定类型的劳动力，因为有相当多的劳动力在其他地方工作，实际情况也是这样的。

济贫局的订货、海军部的定船、陆军部召集部分特别储备军受训和市政部门进行特定类型的临时性工作，例如修路，必定会创造需求，但这种需求不是平稳和连续的，而是临时性的和波动性的。在某种程度上，政府关心的是怎样选择时间使这些分散的间歇的需求发挥作用。无疑，在某些情况下，需求发生的时间是由不可抗拒的因素决定的。例如，当战争爆发时，就不能为了顾及失业的稳定性而影响海军部订船的时间。然而在很多情形下，对公共便利或国库来说，这些不稳定性需求发生时间的安排方式是不重要的。在这种情形下，政府当局可以放手使不规则的公共需求与私人部门需求的间隙相协调，以此来大幅度减少劳动力需求的波动性。

这种类型的政策体现在最近英国济贫法委员会的无规则市政工作提案中。他们写道:“政府当局不可避免的要在常规工作人员之外雇佣其他人,或者是订立契约,我们认为如果政府当局在常规工作懈怠时可以安排非常规工作人员进入劳动力市场。查普曼(Chapman)教授已经很好的诠释了这一点,他提出,只要政府当局对劳动力的需求有波动,最好使这些需求摆脱经济衰退或者经济繁荣时的贸易和季节性的影响,并且使之与开放市场中的需求呈相反方向变动。”①中央政府有时也会在经济萧条时期对失业实施拨款以援助各市。毫无疑问,如果能合理执行这一政策,就会明显地减少平均失业量。

现在我们转向政府当局调节的需求不是间歇变动的,而是或多或少有些连续性的情况。在这些情况下,我们应该研究政府设计的致使需求比正常情况下更稳定的措施的效果怎么样。一般来说,政府需求的变动,不可能被这种商品的其他需求直接相抵消。因此,调节需求增加的稳定性,将会同时使调节的需求和其他需求增加稳定性。当这种情况发生时,失业就消失了。因此,对于任何阶级的劳动力生产的产品,政府对需求波动性调节的政策都将减少失业量。和私人一样,政府当局为了使他们的需求更加稳定,可以通过牺牲一些便利性和利息来减少失业,但政府当局所能做到的程度要比私人更高一些。

上述的结论是清晰而明确的。然而,从这一结论中,可以衍生出更难考虑的说法。从失业者的观点来看,政府当局所调节的需

① 庇古:《福利经济学》,第480—481页。

求的稳定性比经济力量自发作用所导致的不稳定性要好。有人可能会问，政府当局对需求进行调节时，不是使需求变得更加稳定，而是使政府调节导致的需求波动与其他方面对这种商品的需求波动相互抵消，会不会得到一个更好的结果。例如，私人企业对某一类劳动力的需求在10万—15万之间变动，当私人企业对这些劳动力的需求较低时，政府当局的需求较高，而当私企需求高时，政府需求就低，这是不是比在两种情况下政府需求都相同时的效果更要好呢？政府的需求波动与私人产业需求波动相互抵消的政策是可行的，最近英国济贫法委员会中少数人强烈支持这种观点。这些人十分相信自己的观点，并且根据自己的观点，使用一些赞美和承诺，精心设计了国家政策。他们说："我们认为，毫无疑问，在国家和地方政府每年花费在工作和劳务中的1.5亿英镑中，可以每年拿出至少400万，当然不必每年均分；这笔款项在十年项目里每年以贷款的形式拨出，每年的利率也不相等。当国家职业介绍所指出英国有能力但找不到合适工作的人数超过正常水平时，每年的拨款可以提高到1000万—1500万英镑。负责国家职业介绍所的部长提出这个报告，指出当失业指数超过4%时，政府机构可以动用十年计划中的资金；海军部可以购进专用的战舰，并且扩充枪支和弹药的储存；陆军部可以修建经常用的额外的兵营，并且更新各种各样的储存；工务局将更快的进行建造新邮局和其他政府大楼、更新损坏的家具等经常性工作；邮局将以比平时快3—4倍的速度将电报和电话延伸到英国的每一个村庄；甚至印务局也将拿出比平时快2—3倍的速度加快历史文献委员会文献的印刷和

国家档案的出版。”[①]在这一段话中，政府当局需求的变动与私人需求的变动相互抵消将减少失业量被认为是理所当然的。事实上，结果并不是必然的。当劳动者在政府当局调节的需求和需要抵消的私人公司的需求之间完全自由流动时，这种情况必然会发生。另一方面，当在这几个中心之间劳动者不是完全流动时，相反的情况就会发生。私营企业中的失业者并不会少于之前，而公营企业中的失业者却会增加。理由如前所述，人为地增加某些产业的需求波动，没有永久工作的人的数量就会增大。当然，在现实生活中，劳动力既不是完全流动的，也不是完全不流动的，而是保持适度的流动性，这种精确的程度在不同的地方和职业中是不相同的。然而，大体上，当流动性适度时，需求波动的抵消作用是可能减少失业的，但当流动性减弱时就会增加失业。例如，如果一个市属企业和一个同类型的私营企业雇佣相同数量的劳动者，市属公司如果让他们的需求波动与私营企业的需求波动呈相反方向的变动，失业是一定可以减少的。但是如果政府部门让国家森林部门雇佣的劳动力和城市产业雇佣的工匠和技工呈相反方向变动的话，失业量极有可能会增加。需要补充的是，在目前来说因波动抵消受害的地方，当流动性改善后，情况就会变好。在应用中，职业介绍所和其他劳动力流动性较高的机构产生了更高的效率，支持济贫委员会少数派政策的假定会越来越有力。

迄今，我们把注意力集中在了调节的形式上，无论从生产方面进行调节还是从消费方面进行调节，其对失业问题的影响性质只

---

① 皇家济贫法委员会:《少数党报告》,第 1196 页。

在某一方面值得怀疑。还有一种更复杂形式的调节，它的后果是不确定的。在这里指的是对超时工作的法律限制。初看之下，这种法律限制如若应用于除了生产易腐商品之外的其他产业，必然会减少失业量。经济繁荣时期对超时工作的限制，会不会间接导致之前的经济萧条时期的存货量的增加和消费者对未来需求的预期而增加购买呢？皇家济贫委员会少数党的报告很好地说明了后一种观点："对劳动者工作时间进行合法限制的手段使消费者压力的变化不那么极端。如果私有工厂主确定了棉纺工人的工作时间之后，棉纺工艺和纺织就是极端的季节性交易的例子；制造业无法拒绝消费者对迅速发货的坚持。既然法律已经确定了最大工时，买方的需求会更加规律。如果裁缝拒绝在最大工时以外再工作的话，伦敦成衣业交易的季节不规律性无疑将减轻。消费者就不能要求在不合理的短时间内送货。"[①]这还不是全部的情况。因为这极其旺盛的需求不会同时在一个产业内所有的公司内发生，对超时工作的合法限制易于使异常忙碌的公司为了应付激增的需求，把一些工作分发给其他公司承担；这意味着，代表性公司对劳动力的需求是比公众对商品的订购量更稳定。这些不同的考虑表明，对超时工作的限制是有可能减少失业的，但是，应该还有一个重要的相反趋势的考虑。对超时工作的限制，除了上面所提到的反应之外，还会导致在受影响的产业内，雇佣者会提高工资率以吸引更多的工人。对超时工作的限制，使得经济繁荣时期本来可以依靠超时工作的企业不得不雇佣更多的工人。但是，这暗示了在经济

① 皇家济贫法委员会：《少数党报告》，第 1185 页，脚注。

萧条时期更多的失业，会导致总体上更大的失业量。在一些情况下，这种影响会比其他减少失业限制的影响要大，但是在另一些情况下则不如其他限制的影响大。劳动力的流动性越大，在一个产业中不同部分的需求波动性相互抵消的程度就越大，总体的失业量很可能就会减少。

在这一分析的基础上，就会涉及政治问题。本章所讨论的任何不同方式的意在减少失业的调节都应该由政府承担。很明显的是，这个问题的答案并不是一般性的，必须依赖于在某一特定情况下对减少失业带来的可能收益与采用这种方法所带来的可能的社会成本之间的权衡。至于公共需求与私人需求之间的偶尔吻合性以及公共需求自然变动的稳定性，这些毫无疑问都是政策值得大量投资的有力佐证。尤其是调节生产耐用品的产业时，情况更是如此。因为当需求很低时，如果制造的物品可以被储存以应对未来旺盛的需求，会比物品接着被消费浪费得少。至于为了与私人需求的变动相抵消，有意使政府当局的需求发生变动以及对超时工作进行合法限制，这些情况就更令人怀疑了。然而，后一种政策，除了我们这里所考虑到的情况以外，可以在其他额外的考虑中找到强有力的支撑。这一考虑就是超时工作的压力过度会威胁工人的健康，并且干预他们的私人生活；因此，从这一视角来看，对超时工作的合法限制，是保护经济弱势群体、使之免受伤害性剥削的一种手段。

第十二章　失业的分布

依照第三章末尾所提出的计划，在第四章到第十一章中，我们专门讨论了经济繁荣和经济萧条时期的平均失业量。意识到这一点，在其他条件不变的情况下，与失业有关的全部社会恶果有可能随失业量的大小变化而发生增减。我们已经研究了决定平均失业量的原因，并且力求揭示采用何种措施来减少失业量。这一部分的探究我们已经完成了，但仍有另一部分需要讨论。如第三章的讨论清晰地表明，在任何时候失业导致的社会恶果有一部分是由失业量造成的，但不仅仅取决于失业量。相反，在任一期间内，随着失业在工人中的分布方式和社会对失业后果所采取的防御性措施的不同，同样的失业量可能导致不同数量的社会恶果。在这一章和接下来的两章中，我们假定平均失业量是给定的，然后集中讨论在这些情况下引起社会恶果的失业量的哪些影响因素是可以被限制或者是被控制的。本章所要讨论的影响因素是失业在不同工薪收入者之间的分布。

显然，在任何时候，失业量可能集中在少数工人身上，或者是平均分布在大部分工人身上。我们的确应该认识到，如第七章讨论的“波动性”概念一样，“集中性”概念也是模棱两可的。因为某一种分布在这一标准下是比较集中的，但另一种分布在另一种明显可信的标准下却是更集中的。在很多有着重要实际意义的例子中，这种困难并不容易看出来。为了我们现在的目的，我们可以从广义上规定，经济萧条时期主要采用解雇工人方法的行业，失业会相当密集地集中在特定数量的工人身上，几乎每一次被解雇的人都是那些最没有效率的人；然而在其他一些行业，如煤矿业和棉纺织业，经济萧条时期主要通过减少工作时间（或者减少每周的工作日）来应付，失业将会在很多人中分散分布。因此，从目前的观点来看，经济萧条时期减少雇佣工人的做法大致等同于失业的集中，而缩短工时的应对做法等同于失业的分散。

理解了这么多之后，我们要找出失业的集中（即解雇工人的方法）和失业的分散（即缩短工时的方法）的主要决定因素。但是，在做这项工作之前，我们需要考虑一种可能的复杂情况。有人可能会建议，在某些情况下，失业分布方式自身会对失业数量做出反应，并且这些反应和失业分布所导致的直接后果都是需要研究的。这种建议的一种形式是容易处理的。在第五章中我们讨论了工会或者其他组织为行业某一等级的工人人为制定高工资会有何影响。结果表明，如果待遇高的工作几乎集中在固定员工身上，也就意味着失业会集中在所有其他在这个地方的人，这些人将会被迫离开去别的地方寻找工作。初看起来，在这种情况下失业集中导致了失业人员数量的减少。然而，这是一个迷惑人的假象，因为在这种情况下失业集中仅仅存在一段时间，而且是作为过渡到失业消失的一个阶段。当所有的情形都得到调整之后，就只会有在某一产业部门就业的集中，而不会有失业的集中，因为失业根本就不可能存在了。因此看，这种形式的建议我们就不必考虑了。然而，还存在一种真正相关的形式。这种情形是经济萧条时期任一产业部门采取缩短工时和减少工作日的措施,会使失业分布更加广泛;工人从这个产业部门转移到另一充分就业的产业部门的可能性就会大大降低。这一形式的建议是重要的,因为它可以用来反对缩短工时的做法。理由是,当工人从萧条的产业转入其他需要劳动力的另一产业时必然会发生迁移的费用,与部分失业的人相比,完全失业的人的迁移利益将更有可能超过其迁移成本并诱使他们迁移。如果我们考虑的这些情况普遍存在,这种理由无疑是正确的;如果失业是广泛分布的,失业的总量的确可能要比在集中分布的系统下的失业量要多。然而人们可能回答说,第一,这一做法在任何情形下,对失业量的影响可能都很小;第二,经济萧条时期缩短工时的方法被广泛采用时,与在某一孤立的中心缩短工时相比,就会更容易使整个产业都采取缩短工时的形式(如兰开夏郡的棉纺织业)。因此,在整个产业和其他职业之间,临时劳动力流动很少会在很大程度上发生,缩短工时会阻碍劳动力的流动,但不会产生重大影响。因此,虽然说在某些特殊情况下,失业的分散分布方式比集中分布方式在某种程度上增加了失业量,但这是无关紧要的。因此,我们完全可以不考虑这种情况而接着讨论决定集中失业和分散失业的影响因素。

显而易见,与此相联系的几个重要的影响因素我们已经在前面讲述过了,一定的失业量是集中在少量的工人身上还是分散在大量的工人身上部分程度上取决于失业产生原因的性质。然而,我并不想从另一种不同的观点来回顾我们已经讨论过的影响因素的作用机制。我们不妨把需求的波动范围、工资率和影响流动性的因素看作是已知的，进而集中研究那些目前很少被提及、并不遥远但是很重要的影响因素。稍微思考一下，我们就会发现在这些影响因素中最重要的有三种。

第一，如第五章所指出的，在计件工资下，能力低的工人单位效率所获得的工资会比能力高的工人高，在采取计时工资的地方，这种情况会更明显。这种情形导致在经济萧条时期雇主们会被迫减少产量，在其他条件不变的情况下，雇主们发现解雇能力低的工人而不是让所有能力高和能力低的工人都减少工作时间，这会让他们获得更多的利润。实施这种解雇政策的压力，在能力差别较大的工资体系中尤为明显。因此，我们可以有趣地发现，在英国，采用计时工资的产业主要采用解雇工人的方法，而采用计件工资的产业（如煤矿业和棉纺织业），主要采取缩短工时的方法。[①]

第二，在生产技术方面出现了一种与上述趋势相反，但是也很重要的影响因素。在某些产业，不管实际工作的工人数量有多少，只要工厂开工，很多重要的费用就要支出，如人工电的供应或者是中心站的能源供应。这些产业在必要时自然就会有减少产量的趋势，它们通过缩短工时和每周的工作日而不是通过解雇工人。其他一些产业，缩短工时可以比等量解雇工人更能有效地减少某些费用。然而，在所有的情况下，技术因素在某种程度上对缩短工时和减少工作的影响是正面的，尽管技术压力在产业之间有所差异，而且有时这种差异会很小。

第三个与我们研究的问题有关的影响因素如下。在某些职业

---

① 参见就业委员会1895年的《第三次报告》(*Third Report*)，Q.4541。

中，当经济萧条时期到来时，企业主极不愿意断绝与他们熟识的工人的联系。其不愿意的原因是：如果可靠的工人被解雇了，当未来再需要他们时，他们或者是在别的地方找到了工作，或者会由于长时间的间歇使技术和一般效率下降了。在其他人同样使雇主满意的情况下，这种情况就不会影响雇主。然而，在许多情况下，为一个特定企业主工作过的工人已经对其形成了超出其他同样有着一般效率的工人的特殊价值。在这种情形下，临时解雇工人会影响以后的重新雇佣，进而影响到雇主，因此雇主不愿意解雇员工。雇主不愿意解雇工人尤其可能出现在以下两种职业中：一是工人的知识特性对雇主很重要，在这种职业中，由于工人的知识技能作为宝贵的资源材料，或者由于其他原因，雇主不愿意解雇这些工人；二是对公司具有特殊价值的工人，或者是特定公司需要对公司特殊程序非常熟悉的工人。至于那些非技术工人，情况就不同了。一个以前为雇主工作过的非技术工人并不比没有为该雇主工作过的工人的价值高很多。码头工人就是一个很明显的例子。了解到工厂没有什么独特性，每天卸货的船只各有不同，为其他雇主工作过对现在的雇主来说没有可以得到任何额外收益的经济价值。因此，除非存在特别慈善的雇主，不解雇这类工人的情形是不明显的。

这三种影响因素不同强度和比例的相互作用，决定了一个产业领域内是采取缩短工时的政策还是解雇工人的政策。据查普曼教授收集的统计数据显示，不同职业在这一方面的结果是大不相同的。在1908年的大萧条中，棉纺织业产量减少了13.3%，其中解雇工人5%，减少工时8.7%，玻璃制品业产量减少了11.8%，其中解雇工人11%，缩短工时不到1%。查普曼教授总结道："贸易萧条期，纺织品行业中的棉纺织业在避免失业方面做得最成功，羊毛织业与做得最差的相比要稍好一点。制靴业和造鞋业政策发生了摇摆，钢铁业、轮胎业和玻璃制品业每当贸易发生波动时就会有工人失业。"[①]这些差别表明，我们必须分析以前没有洞察到的那些有着复杂性质的现象。因此，我们最好谨慎地进行相关论述。但是，我们有把握得出这一结论：经济萧条时期缩短工时的政策，包括失业在大量工人之间的分散，最有可能在雇佣技术工人和实行计件工资的产业里起作用。

前述原因的讨论对于解释失业数量导致的社会恶果和失业的分布方式之间的关系具有重要意义。为了完成这一章，我们必须准确地找出这种关系，简言之，就是要找出失业在很大程度上影响少数人和在较小程度上影响多数人对社会福利所产生的不同效应。如果现代世界处于绝对的、完整的、严格的自由放任政策系统中，人们之间不互相帮助，穷人不会得到救济，这个问题的答案就会变得很容易。一个人有两英镑，而另一个人什么都没有，这会比他们两个人每人都有一英镑遭受的痛苦要大。因此，如本书117页所提到的那样，当失业量在工人之间分散分布时，一定数量的失业量导致的社会恶果就较少；当失业量的集中趋势每提高一点，由失业量所导致的社会恶果就会增大。然而，在现实世界中，当私人慈善机构和国家的济贫法盛行时，问题就不这么简单了。假如，一些产业的情形是这样的，当失业在所有属于这个产业的工人身上

① 查普曼：《兰开夏郡的失业问题》(*Unemployment in Lancashire*)，第54页。

平均分布时，没有人能够挣到足够多的钱来独立生活，因此，他们会竭力需要政府和私人的善行；假如让一部分人有工作，而另一部分人失业，前者将能够自给自足，而后者会彻底靠慈善机构的救济。在这种情形下，毫无疑问社会恶果整体上会由于这种失业集中分布而减少。因此，我们可以得出一般性的结论，如果工人的等级分布良好使得失业在他们之间平均分布时仍然能够得到足够的收入，这时分散失业比集中失业要好；如果工人的等级分布不好，分散失业导致所有工人的生活成本低于合理的生存最小成本，那么集中失业比分散失业要好。在前一种情形下，如果在经济萧条时期所有产业的制造者能够接受有组织的缩短工时政策，一定失业量所导致的社会恶果就会消失。而在后一种情形下，这种政策的后果有弊无利。

第十三章　失业保险

在本章中，我们不仅假定失业量是已知的，而且假定其在人们中间的分布方式也是已知的。即使这样，失业所造成的社会危害的大小也是不能绝对肯定的。而且在一定程度上取决于更深层次的影响因素。其性质到底是什么，现在必须加以讨论了。我们可以明显地看出，失业分布的方式无论是集中于少数人之中还是扩散到多数人之中，个体影响的大小通过在不同时间、不同程度上所受的影响而改变。即使是在某一个时候，全部的失业量都扩散到全部工人之中，情况还是一样的。因为，就像已经被解释的那样，也正像我们所展示的那样，失业量就是我们一般说的失业人数，它将根据需求量的整体变动而不时地变化。作为必然的结果，个人的工资收入将受到失业的影响。但是在第三章中我们已经表明，变动的收入不仅会引起消费的变动，而且还包括了一种危害。这种危害在平均相等和没有变化的消费情况下是不存在的。这一结果表明，当失业的数量和分布的方式都是已知的时候，如果一些人将他们的平均消费量做一定程度的降低，他们就可以通过某种缓冲方式将收入变动对消费的影响分开。并且，这样的做法是有利的。简单地说，他们将从更少的消费中获得好处。因为这样做可以使他们消费得更规律。这里我们得到两个推论：第一个是，当工

人们能够以更效率、更经济的方式来稳定消费的时候，给定的失业量所导致的社会危害程度将会变得更小；第二个是，人们基于上述意图所用的资金量越是接近于他们所充分了解自己真正利益之后所要求的数量时，这种社会危害就会越小。本章的目的就是为了表明这两个推论的实际意义。

在所有情况下，经济繁荣时期把商品储存起来以面对随之而来的经济萧条时期的需要，消费就可以变得比收入更稳定。无论人们是在收入变动的压力下自己储备，还是通过对继续贷款提供利润或是其他报酬，诱导其他人为他们储备，这在本质上都是一样的。工人的直接储蓄、失业时期向店主借款、向典当押款等预防手段不是不同的方法，它们都只是同一方法的不同形式。它们的本质全部都是某个人控制消费，在经济好坏时期的交替之间储存一定量的资源。在全部情形下，平均价值 1,000 英镑的物品用这种方法储存起来，要比不储存这些物品获得更加稳定的消费。用这种手段预防不稳定的人们，切断了自己与这 1,000 英镑的联系，他们既不能消费这 1,000 英镑，也不能将其投资物质商品的生产来获得利润。如果一个社区的全部人员的收入总是能同时做相似的变动，那么就会使需求和一般偏好都保持不变。在经济好的时期储存商品是使经济好的时期和经济坏的时期之间的消费比收入变得更加稳定的唯一方法。

如果我们假定某一特殊产业的全部工人的收入同时相似的方式变动，但是这种变动和他们的收入以及社区其他成员的收入之间没有密切的联系。这样，这些工人的经济萧条时期就可能会和其他群体的人们的经济繁荣时期相一致。因此，他们可以向处于好的时期的人们借用预先储存的商品，也可以借用他们当时制成的商品来部分地应付困难时期。所以，为了获得对不稳定性的同样预防，有关的工人现在只需控制价值 1,000 英镑的商品就可以了。在当前情况下，这 1,000 英镑中可能有一部分会是跟生产企业的固定厂房相类似的东西，也就是说，虽然他们仍需从消费中扣除 1,000 英镑用于储存，但不是说他们需要从生产中扣除这1,000 英镑，他们仍然需要储蓄。他们现在可以把器重的一部分投入到有利可图的事业中。这实际上意味着，他们可以支付比之前更小的成本来预防消费的不稳定性，从而获得相似的稳定性效果。

某一产业中，不论何时发生失业，都会绝对平等地分布在所有工人身上，那么上述所考虑的情况便可以相当正确地代表这种情形。同时，还有产业用优先名单排列名次，从而使失业尽可能集中在一群已知的固定人员身上，上述所考虑的情况也可以恰当地代表这一情况。在前一种情况下，每一个人都知道，当另外一个工人 B 失业的时候，工人 A 也不可能就业。在后一种情况下，虽然当 B 是失业的时候，A 却可能会经常就业，就像当 B 就业的时候 A 不可能失业一样。因此在上述的两种情形下，当 A 顺利时而 B 是不幸的时候，在工人 B 愿意负担相应的义务情况下，一般来说也没有任一制度安排使 A 去帮助 B。但是在实际情况中，无论某产业的失业量是以绝对平均的方式分布，还是以绝对集中的方式分布在一群确定的固定人员身上，这都是很难发生的。所以就需做出 A 和 B 相互履行义务的制度安排。我意图指出：接受这种相互义务以防止个人消费不稳定的方法与我们迄今已经考虑过的那些方法相比，费用成本要少得多。

用一种极端的情况作例子，可以更好地说明这一事实。我们假定某一给定产业中的失业量是固定的，而且没有任何理由在任何时期预计某一工人应当失业，而另一工人不应当失业。在这种情况下，每一个工人都面临一定的失业风险，而且这种风险全部都是相等的。因此，在正常情况下，就业工人每星期对失业工人的捐款救济能使失业工人的个人消费变动降低到我们所想要的任一程度。像这样取得的个人消费量的稳定性并不需要支付任何费用。这是我们当前所要讨论的问题。因为我们无需以储存商品的形式，或是以投资到生产厂商的形式来抑制消费。当然，在现实生活中，任何产业的失业量都不会是固定的。即使是固定的，我们也不会知道。因此不支付费用而消除消费的变动实际上是不可能的。但是，我在之前已经描述过的一个极端例子可以说明，"互助"的办法还是很管用的。实际上，这种方法可以使不规律的失业威胁所产生的个人消费量不稳定的情形减少，而且无需支付费用。当然，这种方法影响经济的程度会根据情况的不同而不同。当变动是由于季节性或其他一般性原因而影响到整个产业时，典型个人所遭受到的不稳定性，相当比例的原因是由于事情的本质只能用储存商品的办法加以解决，而不可能用其他更为经济的办法来应付。有时个人之间工资收入的变动是在大多数的小量变动中发生的，比如说：每次失业三天，消费量无需凭借互助，只需要进行小量的储存就可以保持稳定。其储存的数量比以一小群大量的方式变动所引发的等量失业时所需要的储存数量要小得多。因此，在这种情况下，即使所采用的互助能够使储存全部省掉，但这只是一种非常小的经济状况。我们不应该忽视这些考虑。而且，互助思想的

发现仍然是正确的。它构成了就业变动情况下稳定个人消费方面的改进型的廉价制度安排中的重要一步。

然而,互助思想的发现仅仅是走向这些目标的一步。直到设置相关机构,并且与储蓄相联系,使它在保险制度中具体表现出来,才会产生实际的差别。根据这一思想,它对于消费稳定所做贡献的大小取决于相关机制所表现出来的该思想克服实际发展困难的成功程度。这其中必须包括不同工人所遭受的不同失业风险相适应的捐款和救济金。如果对于确定经常失业的工人和可能偶然失业的工人给予相同的捐款和付于相同的救济金,这一方案就只有在更幸运的工人同意为更不幸的工人给出捐款时,才有可能实现。除这种情况外,保险机构必须根据不同工人的风险适当安排独立的基金,或者根据不同工人的情况制定捐款和救济金的不同税率。到目前为止,作为普遍的规则,完全没有效率的工人被拒绝在工会里入职,已经为从事不同的产业的工会会员设立了不同的基金,而且对于已经提供的救济金不会再支付第二次。从先前的救济期结束时开始,直到已经做出一定时期的捐款。然而这种办法所解决的问题只是次要的和技术性的,不是基础性的。一个更重要的方面是,失业保险也和其他形式的保险一样,保险机构会引诱保险的人假装或是故意制造保险事件。除非这种趋势会被合理的控制,否则保险是不可能实现的。这样,我们就有必要对失业保险的这一特殊情况进行一些方法研究来避免这种趋势。

在本书的第一章中,我们知道失业是这样定义的,工人希望能够以本行业的一般工资找到工作却没有找到的情况就叫失业。现在要研究的是关于自愿或假装造成的失业等这类保险事件的危

害。失业的定义之中包含了非自愿的概念，这就从某种程度上将使我们的任务简化了。像疾病这种保险事件，人们至少有可能故意生病，但在实践中却是不可能的。而且，如果失业被简单地定义为失去工作，这件事本身不会使自己不愉快，但它会影响到收入，一种能够部分地取消这种影响的保险制度非常有可能导致人们故意失业。然而，自从我们已经定义了失业是非自愿地失去工作的情况，那么对于任何人来说，故意失业在本质上是不可能的。因此，这种故意创造的保险事件的危险是不存在的，我们全部的注意力应该集中在假装造成的保险事件的危害上。

像死亡这样的保险事件，或是存在适当的出生登记制度时的长寿保险事件，假装在实践中是不可能的。当一种事件是上述定义的失业，一种可以想象到的假装形式同样也几乎是不可能的。如果一个人确实是在工作，他就不可能假装没有避开检查。行业工会经常会采用一种简单的规则，要求那些领取失业救济金的人在正常工作的一段时间内每天都要在空白薄上签名，这样就可全面预防假装失业，这一规则已被英国失业保险法管理机构采用。因此，这种假装的可能性没有实际的意义。然而，直到最近，假装的形式与之前的非常不同。它既包括故意失业，也包括假装非自愿失业，以一种貌似说得过去的理由放弃工作，并且也不热心寻找新工作是很容易做到的，但让任何人证明某个人以这种方式逃避工作却是很难的。对于所有的失业保险制度，只要获得了不同程度的成功，便都是通过从事同一产业的工人们所组成的工会一起来实行的。实践中的这一事实源于难以证明故意逃避工作这一情况。防范上述假装行为是困难的，但如果安排救济金时，使一个人

的邻居和他工作的同事有兴趣监督他的行为，困难就能降低到最[illegible]度。近年来，先进的工业国家的职业介绍所的组织制度的发[illegible]改变这种情况。以前，工人的任务不仅包括做他本身[illegible]括找工作。尽管他自己的工会可以收集信息，极大地帮[illegible]寻工作，但它不会假装为他承担搜寻费用。然而，现代职业介绍所发展到现在不仅仅是信息机关，而且还是实际的雇佣中心，它将会自己承担起搜寻工作的任务。个体工人不再需要履行寻找工作的任务，也不会因有失业救济金的存在而在寻找工作时变得懒散。当一个人真的想主动故意失业时，他需要假装非自愿失业，这对于任何人来说都是不再可能的了。如果职业介绍所已经给他提供了一个岗位，他仍然不去工作，那他肯定是自愿地失去工作。如果他失去工作是因为职业介绍所不能给他提供岗位，那么他就是严格意义上的失业者了。大陆各国在对失业保险实行补贴时，几乎都强调要和某种形式的职业介绍所联合起来，这就认识到了这一问题的重要性。“在科隆和柏恩两地，保险基金和公共职业介绍所实际上已经联合起来了。在斯特拉斯堡、米兰和安特卫普，失业工人在‘根特*系统’下接受补助金时，他必须在职业介绍所登记……在法国，国家补贴发放失业救济金时，只有以一定的组织形式向他们的会员提供就业机会的工会才能索取。”①相似的，英国旨在解决失业问题的国家保险法的第二部分就是通过与国家职业介绍所联合起来共同实施的。毫无疑问，实际上工人在职业

* 比利时的西北城市。——中译者

① [英王致议会命令第 5068 条]，第 737 页。

介绍的帮助下获得就业的做法到目前为只在很窄的领域流行，搜寻工作的任务还没有充分地转移到这些机构。或者说，为非自愿失业而设立的失业保险可能会导致故意假装的非自愿失业无法根除，也无法大大减轻其危害性，贝弗里奇先生在写下这些话时只是在描述未来而不是现在。“一旦社区或是保险基金承担了工作通知，那么降低救济金来驱使人们寻找工作的做法就没有必要了。”[①]此外，除了这一点，我们必须记住寻找工作的努力除了了解自己所在的主要行业之外，还需要了解其附属的行业。但是职业介绍所不能提供对这一方面的懒散行为的预防。然而我们坚信，随着职业介绍所的发展，由失业保险所带来的假装失业的危害在将来会比现在少得多。

刚引用的贝弗里奇先生书中的一句话已经说明，互助的思想实行之后能在多大程度上有助于低成本保持消费量的稳定，对这一问题的研究才是我们讨论的意义所在。当保险事件很容易作伪时，必须减少假装的引诱。这首先就意味着，支付给失业工人的救济金必须比他们继续工作得到的工资要少得多。因此，英国的工程师属于贵族工人。因为对于进入工会十年的工人来说，他们失业的前 14 个星期内，每星期提供十先令的救济金，接下来的 30 个星期内，每星期可得七先令的救济金。往后他们如果仍然失业的话，每星期只能得六先令。英国国家保险法的条款规定是每星期七先令，发放日期从失业后的第一个星期开始计算，而且每 12 个月中最多只有 15 个星期可以领取。这种机制的救济金就会很少，

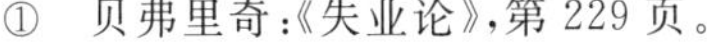

① 贝弗里奇：《失业论》，第 229 页。

也是为了防止假装失业,但是也使失业保险稳定消费量的作用受到限制。因为,一定限度的稳定性可以通过更少的费用来取得,更高限度的稳定性就不必要了,这是由于超过这一限度的稳定性的费用就不受任何状况的影响了。如果我们要防止一个人的消费量在失业时超过一般消费量的1/3,那么保险就可以以相当便宜的费用达到这一目的。但是,如果我们要防止他的消费量不超过一般消费量的1/12,那么这种办法在目前就没有作用了。但是,随着职业介绍所起的作用越来越大,这一办法就可以发挥更大的作用。

这样,我们就讨论了在本章开始时提出的两个推论中的第一个。我们已经证明,失业问题产生的危害的大小,将随人们在工资收入有变化时稳定消费量的制度安排的效率和经济性的不同而不同。现在我们已经讨论过了这些制度安排。第二个推论是:给定这些制度安排,工人用以促进稳定性的资源数量越接近于他们自身理解的真正利益所要求的数量,失业的危害可能就会越小。我们现在转向讨论这一推论的实际意义。如果每一个人都是完全聪明和自我控制的,那确实就没有可讨论的必要。因为倘若如此,有关的工人能完全知道他们自身的利益,并且能以最好的方式支出他们的资源。但是,在现实生活中,完全聪明和有自控能力的人在所有阶层里面都是缺乏的,而且在工人阶层里不比其它阶层的少。经验显示,事实上,有一种趋势是让未来照顾未来。这使得人们在顺利的时候,不会冷静观察可能会发生的事情,以便对将来做出准备。这一问题一方面是因为对遥远前景的现实性把握不准。所有人都容易犯这种错误,受教育低的人更容易犯这种错误。另一方面，这也是由于人性中有一种本能的虚荣心理。根据这个心理，虽然人们能够充分地认识到在一个危险时期中一个普通人所要冒什么样的风险，却自以为比一般人高明。无论其中的原因是什么，这一事实是毫无疑问存在的。理查德·贝尔(Richard Bell)先生根据广泛的经验而得出结论："在经济繁荣时期，大多数工人可以得到好的工资，遗憾的是他们不会看管好那多得的几先令，而是尽情地将其用于喝酒、赌博，以至于当他们遇到一点不景气时就得完全依靠雇主的怜悯，从而不得不忍受他们本可避免的这些情况。"[1]根据这一事实，初步证据让我们就有理由认为：通过设置法规诱使工人将他们的资源更大比例地用于投资，这样不仅可以稳定消费，还可以减少失业的危害。既然我们已经看到，在一般情形下，保险是实现这一目标的最经济的工具，那么我们可以把国家鼓励个人储蓄的问题放下不谈，而专门考虑对保险的激励问题。

广义地说，激励有两种可能的方式：奖励和强制。这两种方式都表现出不同的形式和作用程度。奖励可以只是国家拨款、提供统计资料和风险收费表，也可以是免费设立机构办理保险，使保险者面对欺诈或无力偿时能得到保障。也可以是提供小额补贴，就像英国对人寿保险规定的一样，其保险费从所得税中扣除。最后还可以是一笔相当数量的补助金，像欧洲大陆所谓的"根特系统"，这一系统采用由工会对工业提供失业保险金的形式。在某些情况下，这些补贴的数量可达支付的失业救济金的50%。同样，强制性激励，如果允许使用这一短语的话，将根据强制是有条件的还是

① 郎特里(Rowntree)：《论赌博》(*Betting and Gambling*)，第217页。

无条件的、是由地方实施还是由行业实施、是有范围限制还是没有范围限制将呈现出不同的形式。英国国家保险法的一部分内容就包含了这一方式的最重要实例，它使所有从事于建筑和工程工业的工人强制缴纳失业保险。

根据前几段已经讨论的来看，如果我们承认，对于失业保险的某种激励形式有可能减少与失业有关的危害，那么它就是使社会满意的激励形式。因此，之前区分的两种激励方式到底选择哪一种就显得很重要了。为了公平讨论，我们必须很谨慎地将强制和奖励进行对比，不是用现在的奖励的例子，而是用更加优越的例子。因为就现在的例子而言，它们给予的补贴的数目都取决于受补贴的团体对失业救济金的支出。在根特系统下，补贴金占该支出的比例是固定的。在英国国家保险法的条例中提供给自愿失业保险的国家补助金的比例也是固定的，在此情况下限定为 1/6。但是，这种制度安排将面临两种严重的反对意见。第一种也是最重要的一种反对意见是，在其他条件相同的情况下，工人中较富有的阶层可能支付较多的失业救济金。因此，这种制度使国家支付给不同群体的多少与他们的需求或多或少成反比，这种救济方式正好与社会需要的相反。很明显，如果做出一些区别的话，国家的救助就会与需求成正比，而不是成反比。第二种反对意见是，在其他条件都相同的情况下，变动性很大的产业比稳定的产业可能支付更多的失业救济金。因此，奖励如果与支出成比例的话，就会对不同的产业区别对待。这类似于当国家为所有产业的意外事件提供补贴时，危险性产业就会获得差别利益。但是这样有差别的激励对于某些特殊产业来说很可能会引起经济上的浪费，随之而来

的是对社会的危害。除非这些特殊产业是从在一般情况下很少得到公共资源投资的产业里面特别选择出来的激励对象。因此，就这种包含差异奖励的激励方式而言，它本身就暴露出一个强烈谴责的理由。然而，我们却可以制定一种完全能避免上述两种反对意见的奖励制度。在德国，在国家捐款的疾病救济金模式之后，失业救济金的补贴可能会与依附在保险基金上的人数成比例。在这种情况下，其条件是失业工人被提供某一形式的最低救济金。这种以奖金激励的理想方式，而不是现行的方式，应该用来与强制性激励相比较。

然而，很容易看出，这种形式存在两个严重的缺点。第一个是，在实践中，奖励形式的失业保险（除去强制性的）除了通过工会，否则很难在任何一个产业里有效实施。但是，在所有的国家，即使工会很强势的产业里，大部分的工人通常都在工会之外。“因此，除非奖励在它的影响范围里是有区别的，否则必须制定一条规则，强制地这些团体接受那些不是常规会员的局外人，还要使他们成为国家补助基金的成员。这种规则在丹麦和挪威盛行。但它明显地不能令人满意，而且还可能（实际上在挪威已经发生了）导致相当大的冲突。而强制性的制度就会避免这样的难题。”[①]奖励方式的第二个缺点是，作为诱导人们投保的手段，它比强制性方式明显缺乏效率。在根特系统下，即使大量的奖金通过工会扩大了保险运作的方位，但是到目前为止，在对此并不了解的各阶层的工人之中仍然无法建立有效的工会保险。“那些要求公共补助金的工

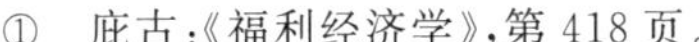

① 庇古：《福利经济学》，第418页。

人大部分都来自高技能和有组织的行业,例如印刷业、雪茄制造业、珠宝加工业等。在英国发现低技能或半技术性职业大部分的贫困来自于失业,这似乎是根特系统还没触及到的地方。在斯特拉斯堡,企图用这种方式救济这些阶级的希望明确地被放弃了,年度救济工作仅仅考虑为季节性劳动人员发放唯一的资源补贴。"[①]在这方面,强制性保险明显是一种更有力的工具。"而且,它不像人们所认为的那样是一种普遍性保险。因为,对于所有系统来说,到目前为止它们所关心的失业问题是在救济金失效一段时间之后,即使是强制性保险也会使效率过度低下的工人常常没有保障。例如,英国国家保险法规定,没有工人可以在失业周数超过他所缴费周数的 1/5 之后还能领到失业救济金。而且,很明显的是,即使强制性保险不意味着保险就要通过强制手段覆盖到全部工人,但是一般来说,它必须比任何奖励制度更好地接近这个目标。确实,在上述所考虑的事情中,我们没有资格毫无保留地做出推断,强制性保险在这一方面必然优于奖励性保险。在这种情况下,人们认为好的事情总需要走很长的路来确定它就是好。而且,在强制观念极度不流行的国家,实际上形势可能会改变,从而有助于缺乏效率的奖励性保险。但是,事实上,强制性保险不受欢迎的情况好像只是想象的,而不是现实存在的,不管怎样在西欧各国的工人中就是如此。将国家援助的某种组成部分与结合强制性相结合的策略已经被德国、法国和英国所接受,它联系了保险立法的其他形式,

① [英王致议会命令第 5068 条],第 732 页。

这就使强制性原则显得足够合理而受人欢迎。”[①]因此，在英国建筑和工程行业实行的强制性失业保险是很有希望成功的，它的成功很可能成为这一相同政策扩展到其他行业的理由。

① 庇古：《福利经济学》，第418—419页。

第十四章　失业者的救济问题

上一章我们所讨论的人员的身份我们默认为是那些在不同的时期内能够在合理充足的条件下赚到足够的收入以维持生活的人。这些人如果在经济状况好的时期没有做好应付随之而来的坏的时期的时候，那么当他们失业时，可能会陷入严重贫困和痛苦之中。通过失业保险，他们能够在很大程度上在不需要他人援助的情况下克服这一风险。对他们其中的一些人来说，不管由于何种理由而没参加保险，所以他们真正会偶尔需要援助。当这种情况发生后，很明显，只要是可行的帮助给予都必须以受援助的人同意参加保险团体为条件，这样才可以在第二次发生相似情况时给予保障。理解这些之后，现在我们不得不考虑一个完全不同阶层的人。这个阶层包括收入很少的工人和失业时间很长的工人。他们如果在经济状况好的时期不把他们的消费降到社会普遍接受的最低合理水平以下，就不可能在没有援助的情况下应付经济困难时期。对这些人来说，失业保险不是一个充分的补救方法，他们还需要从其他那些更富裕的居民那里获得援助。以他们的情况来看，其本质的因素不是时常遭遇的失业，而是他们在所有的工作期间得不到足够的收入来维持生活。他们所面对的问题和那些经常失业而且工资很低不能维持正常生活的人一样。事实上，他们面临的境遇是不断变化的，有时收入可观，有时什么都得不到，这还只是一个次要的问题。根本问题是他们是穷人，而不是工作不规律的人。这是问题的关键点。下面各段都是以此为基础进行讨论的。

在开始详细的讨论之前，我们可以做一个一般规定：对于因失业而贫困的人的援助应该和由于其他直接原因而贫困的人一样，我们不应该以一种有组织的行为给救济人员造成毫无斗志的影响。这一规定立刻会招致混合济贫院和混合临时收容所的强烈谴责，在那里真正想找工作的人容易被接触到的那些浪子和罪犯所传染。这也会招致市政府救济工作系统的谴责，该系统是在1886年的地方政府委员会发的通告下组织起来的，并在1905年的工人失业法下进行了更精心的组织安排。通告和法案基本目的是相似的，都是为了使工人们能够正常而规律性就业，而不用在特别萧条的时期因失业而接受援助时带来贫困的耻辱。杰拉尔德·巴尔福(Gerald Balfour)先生在皇家委员会的济贫法案前就给出了他的证据："法案所指的失业工人是那些在当地定居、迄今已习惯固定工作的体面劳动者，但是由于临时性的失业造成的情况超过了他们的控制力，有能力的工人希望在临时萧条过去之后能重新回到固定工作中。"[①]然而，事实上，这一法案没有包含限定这一类型工人的救济金的定义条款，而且济贫法委员会主要是为完全不同的另一类型的工人而设置的。用济贫法委员会的话来说，该法案的"结果造成在无限制的条件下的大量周期性临时救济和长期未充

① 皇家济贫法委员会：《多数党报告》，第386页。

分就业的劳动者”。[①] 这些工人大多地位低下，而且工作能力较差，将救济工作和他们联合起来，一定会伤害那些能够自己找到工作的能力较高的工人。由于对解雇缺乏惩戒性的手段以及对工作所必需的一般性质的客观看法，以至于许多相关的工人很不习惯，这是因为对任何一个人来说，衡量其能力是很难的，因此，故意怠工是不可避免的，这必然会导致三心二意、欺诈和消极怠工的工作作风。事实上，工作本身经常或多或少地明显为上述状况提供了机会，这就会增加对士气的恶劣影响。在这些情况下，按已经做完的工作接受救济将会对一个人的勤奋个性产生持续的伤害。因此，有这样危险结果的援助手段是不能产生重要的防护作用的。

在初步做了这个一般性结论之后，我们可以把那些不能独立自我维持生活的穷人分成两大类：一类人是无法自立的人，另一类是可以自立的人。我们首先讨论前一类人。令人遗憾的事实是许多低效率的人，无论受到怎样的训练都不可能提高其经济价值。从实际而言，那些已经过了壮年很久的年老男人或女人是不能教一个新产业的。许多伤残人士和遭受到意外事故或患有慢性脑力或体力疾病的人们也是如此。很显然，对这些人来说，想要学习和开发一种新产业的技能是没有用的。他们的能力或是能力缺乏应当被认为是既定和不可改变的，我们必须承认，别人对他们或多或少的持续性帮助，或是任何情况下经常性的帮助都是完全有必要的。我们的问题是决定这些帮助的形式，以及什么时候政府当局承担这些帮助最有利。而且，为了方便起见，我们所讨论的范围仅

---

① 皇家济贫法委员会：《多数党报告》，第394页。

限于政府当局运用的帮助形式。

对这个问题的研究，常常由于某些方面持有的强烈民意而受阻。有些人认为，不应该允许接受公共援助的人向私人雇主提供他们的服务，这样可以避免与自食其力的劳动者发生竞争。这个论点同样适应于少量而连续性的援助和只有当人们失业时才需要的大量而偶然性的救济。给予这个论点的解释是，受补贴的工人由于获得补贴会以低于他们竞争对手的价格提供自己的劳务，这样就会剥夺他们竞争对手的就业机会并迫使他们降低一般工资率。这一解释与事实不符。最近的调查研究表明，当两个人的不同只是因为一个人接受济贫法的补贴而另一个人没有接受时，他们的工资是一样的。因此，琼斯（Jones）先生和威廉姆斯（Williams）女士代表队皇家委员会对济贫法做了一次特殊的调查。这次调查的目的是为了说明院外救济对工资的影响。他们的报告指出："我们没有证据可以证明，家庭接受院外救济的女性工资收入者会降低自己的工资。像这样有工资收入的人，我们总是可以发现他们工作得到的支付报酬与大量不靠救济的女性一样……我们也没有证据可以说明，穷人的女儿要接受比其他人更低的工资，或是比其他人赚得更少。因为它们与被救济资格没有直接的关系。"[1]事情的真相是，即使是自食其力的工人没有以直接或间接的方式捐助支持受救济的人，他们也不会因为消除这些人的竞争而获得更多的好处。事实上，既然他们以这种方或那种方式为济贫税提供基金，即使不说他们自己将来也可能领取救济，只要接受

① 皇家济贫法委员会：《多数党报告》，附录，第36卷，第6页和第7页。

救济的人能自己工作赚得一大部分生活费用，对他们便可能是有好处的，而且对整个社会来说，肯定是有益的。现在，我们已经知道，如果人们无论是在机构内或是机构外仅仅通过政府当局的援助得到工作，实际上是没有机会从他们那里获得有效率的工作的。没有效率的工人在一起工作，如果没有能力高的工人作为核心把它们凝聚起来，就可能负担不起救济机构的补贴。而且，就目前的预知而言，将来也负担不起。但是，同样的人如果分散地受雇于一些处于规范产业条件下的私人公司并成为其中的一部分劳动力，他们可能会真正地以朴实的方式服务社会，并且可以得到合理比例的消费资源。这还不是他们的工作收益的全部。如果他们在经济繁荣时期禁止主动提供服务，那么波动的产业将需要保持更大的劳动储备，以备经济繁荣时期雇佣。如果劳动储备的一部分功能通过国家援助的贫困人群来完成，那么，波动的产业就不必储备那么多的劳动力了。在某种制度下，如果私人企业在需求突增的时期能得到这一批人，就可以减轻正常工人需求的变动。由此来看，救济机构应当以最低程度的可能性让受救济的人从私人企业中退出来，并在需求条件许可时立即让他们回去。

在这一点上我们需要做出进一步的区别。穷人中没有能力自立而且还没宥能力从工业培训中明显获利，当他们工作时，一部分人得到的收入会超过合理的生存水平。而另一部分人却完全做不到这一点。组织救济的工作使前一部分人和失业保险的联系更加紧密。就像在上一章指出的那样，如果救济金的支付数量固定在一个远低于工人的正常工资水平上，它将不会用任何的作用，尤其是当它与国家的职业介绍所系统共同作用而使人们会故意失业的时候。这一考虑暗示，现在我们所关心的这一穷人群体的救济可以以更大的优势假借国家的援助而安排成强制性保险。这样组织救济就没有直接救济的赤贫化的倾向，而且还有使受救济的人接触一般工业、并随时准备进入为他们提供的岗位空缺的优势。这项政策的主要反对意见已经在上一章指出，即它涉及到对不同产业的差异性奖励支付。然而，如果奖金的数量按照净支付平衡来分配，将来自不同行业的失业基金的净支付确定援助那些低效率的人员，那么这一反对观点就能够克服。事实上，在这个计划下，产业里的普通工人支付给低效率工人的救助金由政府偿还，而且无论是对普通工人还是低效率的工人来说，他们都没有依附于某一产业而非另一种产业的诱惑。为了实现这一制度安排，很明显不能提供和救济金成比例的补贴，但是对于每一个不同的产业来说，必须对适当拨款给出直接、具体的计算方法，而且该方法还必须定期进行修正。

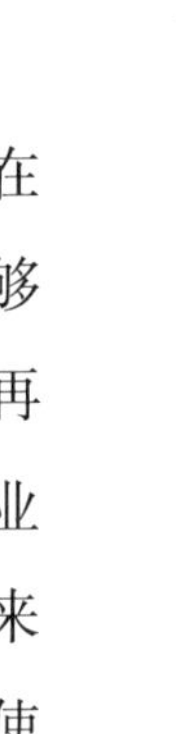

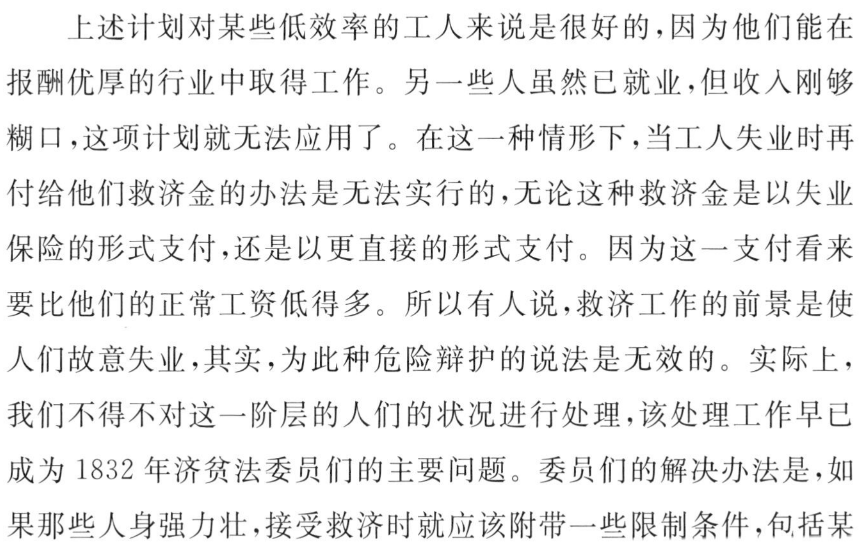

上述计划对某些低效率的工人来说是很好的，因为他们能在报酬优厚的行业中取得工作。另一些人虽然已就业，但收入刚够糊口，这项计划就无法应用了。在这一种情形下，当工人失业时再付给他们救济金的办法是无法实行的，无论这种救济金是以失业保险的形式支付，还是以更直接的形式支付。因为这一支付看来要比他们的正常工资低得多。所以有人说，救济工作的前景是使人们故意失业，其实，为此种危险辩护的说法是无效的。实际上，我们不得不对这一阶层的人们的状况进行处理，该处理工作早已成为 1832 年济贫法委员们的主要问题。委员们的解决办法是，如果那些人身强力壮，接受救济时就应该附带一些限制条件，包括某种接受纪律管制的劳动力。这种解决办法，对于现在我们讨论的这一类有限的人来说，看起来仍是适用的。但需要指出的是，这类人自1832年以来的相对重要性就已经大大降低了。

对不能自立的、而且不能在受到工业培训后而获利的穷人进行两种区分之后，我们就可以转向本书第138页所区分的第二类主要群体，即那些当时虽然不能自立，但在国库的合理费用支出下受到培训和教育后能够成为正常自食其力的人。对这类人实施培训明显具有普遍利益，毫无疑问，其费用暂时要比偶然救济大一些，但这只是一笔暂时性的费用，而不是一种长期性的费用。因此，即使不计算独立生活比依靠私人和公共赈济来维持生活的非经济方面的利益，进行这种救济也往往是有利的。英国国家保险法对此事实已经给予了实践的认可。该法案第100条规定，如果在测试和询问之后，“保险人员认为一个工人（反复失业）的技能或知识有缺陷，但这种缺陷有希望通过技术教育加以补救，那么该保险人员可以根据贸易委员所规定的指示，从失业基金支付提供教育指导的全部费用及其所附带的任何费用，只要他认为失业基金对于该工人所支付费用很可能由于教育指导的提供而减少就行”。这一政策特别适用于年龄较大的工人，新发明使他们的特殊技术变得无用，他们的工作可以由那些看管自动机器的非技术工人更经济地完成。这类人还包括那些因意外或疾病而失去特殊工作能力的人和那些不能实际预见某种时尚潮流永久性变化的受害者。在援助这类人时，如果单纯提供金钱，便是放弃了真正治愈他们不幸状况的希望，并且在实际上会使他们永远成为国家补贴的领受者。但是，如果教给他们一种新的技艺以代替他们所失去的技能，

就有了一种真正补救的期望，而不仅仅是一种缓解。而且，对于那些具有某种职业才能的人，由于偶然或任性的原因而转向另一种职业时，如果实践中能把他们区分开来，上述办法同样适用于他们。毫无疑问，这一类别应该包括那些在农村出生长大，并且已经完全适应了农村生活的人，他们被城市的繁华所诱惑而放弃了他们原本适合的职业。就像在哈德雷救世军所建立的农场殖民地一样，对这些人来说，在农场殖民地里受训一年，他们就可以提供勤劳的再生产能力。但是，选择进行这种培训的人，重要的一点是要在一些人中仔细选出真正适合农业的人。这一点往往做不到。对欧洲大陆来说，从《美国劳动局公报》最近发表的一篇报告来看，"农场殖民地与刑法济贫院不同，它一般不接收真正的失业者，也就是说那些人的失业不是自愿的。常常来访者大多数是懒惰的无业游民，他们在一年中艰难的季节或是在特别贫困的时期往往选择避难所而不是继续希望或是冒险进入刑法济贫院"。[1] 毫无疑问，这样的人可能会在健康的乡村生活中受益，但是没有人期望他们以此来恢复独立自主的生产能力。农场殖民地近年来所参与的试验相当失败，这不足以成为反对进一步试验的决定性论据，或者不足以证明对这些为本质上适合农业的暂时性失业者提供培训基地的机构的指责是正当的。所需补充的是，上述所说的培训和教育的提供和我们所规定的第一条"限制"相符。相反，每个人都希望懒惰，培训的期望本身就有很高的限制。如果一个人知道除了"被改善"为代价，否则他不能获得公共救济，那么就可期望有效地

① 《美国劳动局公报》，第 76 号，第 788 页。

制止他的逃避和懒惰。这一方式至少和剥夺选举权或者要求完成少量的工作任务同样有效。

第十五章　结论

我们回顾一下第二章中的失业的定义。失业一词，我们决定采用的定义与该词的当前用法稍有不同。广义地来说，受某些保留和解释的影响，失业就相当于人们一般意义上所理解的“非自愿性的空闲”。这样，在考虑时间损失的时候，我们不但要考虑确定失业的人员的时间损失，而且也要考虑“工时不足”的人员的时间损失。书中前面的全部讨论都是在这一定义的基础上进行的。为了对这些讨论做一个总结，我打算从寻求失业的“补救方法”这一角度出发，将我们已经取得的重要结论进行一下总结。

第一，在对某些错误的流行观点进行讨论之后，我们指出，即使在完全静态下，如果支付给工人的工资率人为地提高到经济力量自由作用时所趋于产生的工资率的水平之上的时候，就可能存在失业。在这个一般前提下，我们引出两个推论。一个推论是：当某一特殊工会迫使其会员工资高于当前同类职业所实行的一般工资的时候，这便是造成失业的一个原因，而放弃这一政策，就可以在这一范围内补救失业。另一个推论是：基于人道主义的考虑，实际上导致了最低工资的制定。这样，当工资水平低于最低工资的时候，就没有工人被雇佣，但大量人员的产出不值这最低工资，他们的存在也是引起失业的一个原因。因此，提高最低级别工人的质量，比如不鼓励工人从事没有前途的职业和增加教育与培训设施的供给等，可在这一范围内成为失业的一种补救办法。特别指出，后面的这一点非常重要。

第二，现实生活当然已经表明不是静态的，因为所有条件都不是静止的。因此，仅仅使任何地方长期内的平均工资率不能人为提高到竞争条件下所趋于产生的工资率水平之上的这一情况，并不能消除失业的发生。相反，只要工资率缺乏弹性，不能围绕其平均值上下移动，并与这一类或那一类的劳动力需求经常发生的变动相一致，就必然会存在某种程度的失业。由此可见，通过任一手段使工资率比雇主和雇员经常相互猜疑而导致的工资率更有弹性，就可能减少失业量。因此，调解委员会的成立，尤其是委员会可以自由地采用按比例增减法确定工资的手段或者采用其他具有较少技巧性的手段来促进工资率的快速调整，以适应各种条件的变化，就构成了补救失业的一种更进一步的方法。

第三，我们已经指出，一个国家所进行的产业活动越容易使劳动力需求发生波动，这个国家的平均失业量就越大。因此，任何趋于减少产业波动的手段，最终也会趋于减少失业量。在许多补救失业的办法中，这种考虑表明，我们要特别关注缩短商业信用。因为，如果银行家们更加广泛地采取开明的贷款政策，那么，以这种方式修正货币体系可使一般价格更加稳定。而当基础产业的停工严重妨碍相关产业的经营时，将产业和平的精神与机制引入到该基础产业中来解决相应问题。

第四，结果表明，某些地方和某些职业中出现的劳动力需求的下降，经常被同一时间内的其他地方和其他职业中出现的劳动力需求的上升抵消了一部分。因此,任一手段能使工人们确定哪里有工作岗位,从而能够自由地迁移去获得这一岗位空缺,失业量就可能减少。职业介绍所的存在就是这一类型的手段。当它们可以组织成为一个互相联系的全国性系统时,它们不仅可以作为一个提供就业信息的机构,而且可以作为一个实际雇佣人员的中心,那么,它们的效率就会特别大。如果能诱导绝大多数的雇主利用这一系统来雇佣所需人员,那么这些职业介绍所就有可能发展成一个权力非常强大的代理机构。

最后,第十一章中指出,公共机构有能力在某种程度上减少劳动力需求发生的波动,因此也就能减少失业。这一能力主要体现在两个方面:一方面,它们通过自身对商品和劳务的需求(这必然有一定的偶然性)来适应总需求的空隙缺口;另一方面,它们通过避免自身连续需求(或者能够变得具有连续性)发生一些不必要的高低起伏变化。这些做法在任何情况下都可以构成失业的补救办法。最近发现有人提倡有意使公共需求发生明智变化以补偿私人需求变化的政策,这一政策只有在有关劳动力流动性的某些条件得到满足之后,才能成为失业的补救办法。

前面所提到的五种不同的手段,在更大或更小的程度上都是失业的补救办法。而且采用其中的一种手段就可以在一定程度上减少失业量。然而,在这一点上,我们必须要补充的是,即使是共同采用所有这些手段,也无益于彻底消除失业。因此,除了从手段这一意义上探究补救办法以限制失业量以外,我们发现还有必要从手段这一意义上探究缓解办法以减轻一定量的失业所导致的恶果。在这些缓解办法中,有两种手段最重要。其一就是通过组织短时工代替解雇工人的手段来应对经济萧条期，其二就是通过失业保险的手段来应对失业。这两种手段对在经济繁荣期和经济萧条期加在一起时的平均时期内能够获得合理生活的工人来说，是非常有益的。因此，这两种手段似乎都值得国家进行鼓励。然而，很明显的是，他们本身不能解决那些高度低效率的工人问题，这些工人的平均收入长期内达不到社会上一般意义上所认为的最低的必要收入水平的要求。所以，处于这种状态的人们，无论如何是不能自谋生路的，这就必须牺牲国家资金以某种方式帮助他们。可以通过补贴保险基金的方式，也可以通过细心管理救济金的方式，或通过确定训练条件而采用特别培训的方式。在第十四章中，我们对有关这些方式的处理提出了一些一般性的想法。但是，他们提出的问题主要是贫困问题，而不是失业问题。所以，这一问题基本上超出了本书的范围。这样来看，我们的任务现在已经完成了。我们尝试根据科学条件进行回顾，这些条件的持续存在使人们遭受了巨大的损失。夸张性地甚至有说服力地公开指责这些条件很容易，但能设计出攻击和防卫性的手段与其对抗似乎更有价值，而且可能更加符合人道主义精神。

参 考 文 献

对本书所讨论的一般问题专门给予最详尽研究的一本英文著作是贝弗里奇先生的《失业，一个产业问题》(*Unemployment, a Problem of Industry*)。这部著作值得让所有对此主题感兴趣的人去研究。皇家济贫法委员会的《多数党报告》和《少数党报告》[英王致议会命令第 4499 条]中关于失业问题也有同样的长篇评论。

关于统计方面的信息和许多国外处理失业所采用的方法可以在贸易委员会为皇家济贫法委员会所准备的备忘录中获得，它们印在该报告附录的第 19 卷上[英王致议会命令第 5086 条]。有关这些主题的进一步信息可以参考下列资料：斯克拉斯先生的《关于外国机构和处理失业的方法的报告》(*Report on Foreign Agencies and Methods for Dealing with the Unemployed*)[英王致议会命令第 2304 条]，《英国和外国的贸易和产业》(*British and Foreign Trade and Industry*)蓝皮书第二本中的一篇备忘录[英王致议会命令第 2337 条]，《美国劳动局公报》第 76 号。

吉本先生在其《失业保险》(*Unemployment Insurance*)的著作中以很有趣的方式讨论了欧洲大陆关于失业保险的经验。伯顿先生在其《金融危机》(*Financial Crisis*)的著作中考查了产业波动的原因。吉尔曼先生的《产业和平的方法》(*Methods of Industrinl Peace*)和我自己的《产业和平的原理与方法》中分析了产业和平的问题。H.S.杰文斯教授1909年5月、7月和8月发表在《当代评论》上的三篇优秀文章讨论了失业与工会政策的关系,近期出现了与W.S.杰文斯提出的解释经济危机的太阳黑子理论相关的一些证据。我的著作《福利经济学》中更充分地制定了本书分析所遵循的基本方案,其中把失业这一特殊问题当作一个更大、更一般的问题中的次要问题来进行研究。

图书在版编目(CIP)数据

论失业问题/(英)阿瑟·塞西尔·庇古著;包玉香译.—北京:商务印书馆,2024
(汉译世界学术名著丛书:120年纪念版:珍藏本:增订本)
ISBN 978-7-100-23810-6

Ⅰ.①论… Ⅱ.①阿…②包… Ⅲ.①失业—问题—研究 Ⅳ.①C913.2

中国国家版本馆 CIP 数据核字(2024)第 078646 号

汉译世界学术名著丛书
(120 年纪念版·珍藏本·增订本)
论失业问题
〔英〕阿瑟·塞西尔·庇古 著
包玉香 译

商 务 印 书 馆 出 版
(北京王府井大街 36 号 邮政编码 100710)
商 务 印 书 馆 发 行
北京新华印刷有限公司印刷
ISBN 978-7-100-23810-6

2024 年 5 月第 1 版　　开本 710×1000 1/16
2024 年 5 月北京第 1 次印刷　　印张 9¾
定价:52.00 元